Didaktisches Spiel- und Arbeitsmaterial für Vorschulerziehung und Schulanfang

WALTRAUT SEYD

Sprache und Bewegung

Sprechzeichnen

Fadenspiele

Blas-Spiele

Spiele mit den Sprechwerkzeugen

NV Neckar-Verlag NECKAR-VERLAG GMBH • VILLINGEN-SCHWENNINGEN

ISBN 978-3-7883-0302-0

10. Auflage 2021 (unveränderter Nachdruck der überarbeiteten 8. Auflage 2004)

Druck: Kössinger AG & Co. KG, D-84069 Schierling

Inhaltsverzeichnis

Vorwort 7

Sprechzeichnen 9

I. Einführung 9

II. Vorspiele zum Sprechzeichnen 10

1. Die rollende Kugel 10
2. Pendeln 10
3. „Schwingen“ in der Bewegungserziehung 11
4. Spiele auf dem Hof 12

III. Die Zeichen 25

IV. Allgemeine methodische Hinweise 27

1. Das „Heft zum Sprechzeichnen“ 27
2. Das Sprechen der Verse 29
3. Körpergefühl 29
4. Führung des Stifts 30
5. Lockerungsübungen 32
6. Sprechzeichnen im Stoffplan der Vorschulerziehung 33

V. Methodische Hinweise zu den einzelnen Zeichen 34

1. Der Kreis 34
2. Die Schaukel 36
3. Die Sechs 37
4. Die Schleife 39
5. Der Schmetterling 42
6. Der Garten 43
7. Die Blume 44
8. Der Kranz 45
9. Die Brezel 45
10. Die Acht 47
11. Die Schnecke 49
12. Die Acht im Kreis 49

VI. Bilaterales Zeichnen 51

VII. Das behinderte Kind beim Sprechzeichnen 55

1. Das sprachbehinderte Kind 55
2. Das motorisch gehemmte Kind 56

VIII. Spiele und Übungen mit den Sprechzeichen 57

Fadenspiele 61

1. Der Ball 62
2. Der Ring 63
3. Der Fischer 63
4. Das Schiffchen 63
5. Maus und Katze 63
6. Der Weber 64
7. Die Mühle 64
8. Der Wickelbaum 64

9. Holz sägen 64
10. Die Täubchen 65

Blas-Spiele 67

Zur Physiologie der Blas-Spiele 67

Blas-Spiele 67

I. Aufblasen 67

1. Aufblasen der Wangen 67
2. Tüten aufblasen 68
3. Papierspirale 68
4. Luftballon 68
5. Seifenblasen 68

II. Pusten 68

1. Eine Kerze auspusten 68
2. Wattepusten 69
3. Ein geblasenes „Fußballspiel" 69
4. Wettfahrt 69
5. Kugeln pusten 69
6. Tüten fortblasen 69
7. Windrädchen 70
8. Ausblasen von Eiern 70

III. Blasen 70

1. Tanzendes Bällchen 70
2. Blasen ohne Instrument 70
3. Blasen mit Instrumenten 72

Zur Anwendung der Blas-Spiele 73

I. Innerhalb der Bewegungserziehung 73

II. Innerhalb der Musikerziehung 73

III. Im Spiel 73

IV. Bei der Sprachförderung 73

V. Als therapeutische Maßnahme 73

Spielen und „Turnen" mit den Sprechwerkzeugen 74

I. Einführung 74

II. Spiele und Übungen 75

1. Mit den Lippen 75
2. Mit dem Kiefer 76
3. Mit der Zunge 77
4. Mit dem Gaumensegel 80

LITERATURANGABEN

Gollwitzer, G., *Schule des Sehens,* Otto Maier-Verlag, Ravensburg
Kattentidt, L., *Fadenspiele,* Verlag „Kleine Kinder", Bodensee
Kofler, L., *Die Kunst des Atmens,* Verlag Bärenreiter
Moor, P., *Die Bedeutung des Spieles in der Erziehung,* Verlag Huber
Schlaffhorst-Andersen, *Atmung und Stimme,* Möseler-Verlag

Für Maria

Vorwort

Von verschiedenen Seiten, aus Kreisen der Sozialpädagogen und Grundschullehrer, wurde ich seit langem gebeten, den methodischen Gang des „Sprechzeichnens“ noch einmal darzulegen, nachdem es durch Vorträge und Abhandlungen in Fachzeitschriften bekannt geworden war.

Zusätzlich zu den vorliegenden Ausführungen bringt der Verlag ein „Heft zum Sprechzeichnen“ heraus, das neben dem methodischen Aufbau der Sprechzeichen noch bilaterale Übungen und weiterführende Aufgaben enthält.

Wenn das „Sprechzeichnen“ mehr für das 5- bis 7-jährige Kind (vor Schuleintritt und beim Schulanfang) gedacht ist, so wenden sich die „Faden- und Blasspiele“ sowie die „Spiele mit den Sprechwerkzeugen“ auch schon an das 4-jährige Kind.

Düsseldorf, den 1. November 1971

Waltraut Seyd

Sprechzeichnen

I. Einführung

Das „Sprechzeichnen" fußt u.a. auf dem Gedankengut der „Schule Schlaffhorst-Andersen". Ein ganzes Leben haben die beiden Gründerinnen dieser Schule (Clara Schlaffhorst 1863—1945, Hedwig Andersen 1866—1957) der Forschung an Atmung und Stimme gewidmet. Sie erkannten, dass jede Stimmtätigkeit und jeder Bewegungsablauf sich sowohl negativ wie positiv auf die Atmung auswirken können. Im Lauf der Jahrzehnte haben sich in der Schule Übungspraktiken für eine direkte Einwirkung auf die Atmung durch Stimme und Bewegung herausgebildet. Die Bewegungsabläufe, die die bewusst gesteuerte Muskulatur kaum beanspruchen, beeinflussen unmittelbar das vegetative Nervensystem, woraus sich eine selbsttätige Vertiefung und Rhythmisierung der Atmung ergibt. Hier ist eine der therapeutischen Wirkungen des Sprechzeichnens zu suchen.

Unter den Übungspraktiken wurden in der Schule Schlaffhorst-Andersen auch Schreibkurse angeboten. Diese vermittelten ein Körpergefühl für unverkrampfte Haltung und Führung eines Stifts beim graphischen Zeichnen und Schreiben in Verbindung mit einem rhythmisierten Atemablauf.

Zusammenfassend seien hier die therapeutischen Wirkungen des Sprechzeichnens genannt:

1. Die Atmung wird vertieft und rhythmisiert.
2. Ein Körpergefühl für Haltung und Strichführung wird entwickelt.
3. Störungen im Redefluss treten während des Sprechzeichnens nicht auf.
4. Das Sprechen in Sinneinheiten wird gefördert.
5. Durch die Übungen differenziert sich immer mehr der Bewegungsablauf von Arm, Handgelenk und Fingern.
6. Betonte Rechts- und Linkshändigkeit wird durch bilaterales Zeichnen der Formen zu Beidhändigkeit geführt.
7. Konzentrationsfähigkeit wird gefördert.
8. Das Nachzeichnen von Symbolen erzeugt ordnende Wirkungen im seelischen Bereich.

II. Vorspiele zum Sprechzeichnen

1. Die rollende Kugel

Am schönsten läuft die Glaskugel über einen flachen Teller, der einen kleinen Rand hat. Man kann aber auch Pappteller für die rollende Kugel benutzen. Das Kind hält den Teller mit beiden Händen und versucht, die Kugel gleichmäßig am Rand entlang zu rollen. Durch diese kaum sichtbare Bewegung, die sich auf den kleinen Raum des Tellers beschränkt, wird im Kind ein feines Körpergefühl entwickelt. Ist die Bewegung noch nicht koordiniert, läuft die Kugel mitten über den Teller, bleibt an einer Stelle hängen oder springt sogar über den Rand hinweg. Nachdem das Kind den gleichmäßigen Lauf der Kugel beherrscht, differenzieren wir die Aufgabe:

1. a) langsam rollen, b) schnell rollen
2. a) schneller werden, b) langsamer werden
3. Kugel zum Stillstand bringen
4. Richtung wechseln
5. Kugel kehrt um,
   a) nach Halbkreis,
   b) nach Viertelkreis
6. Das Kind spricht
   a) zur Kreisbewegung: „Lirum, larum Löffelstiel usw."
   b) zur Schaukelbewegung: „Schaukel hin usw."

2. Pendeln

An einem 50 cm langen Seidenfaden wird eine nicht zu kleine Glasperle befestigt. Der Faden liegt über dem Zeigefinger der erhobenen Hand und wird vom Daumen festgehalten. Das Kind beobachtet ruhig die Perle, wobei es die Hand möglichst still hält. Die Perle fängt aus eigener Schwerkraft an, sich zu bewegen. Sie pendelt entweder auf einer Linie hin und her oder schwingt im Kreis herum. Das Kind erlebt beide Bewegungsmöglichkeiten und kann nun aus der Vorstellung heraus von der einen in die andere überwechseln. Will man die Kreisrichtung ändern, so ist das nur aus der Ruhestellung heraus möglich.

Eretische Kinder oder Kinder mit ungesteuerter Motorik vermögen zunächst keine Pendelbewegung hervorzubringen, da ihre Hand gegen die Richtung der schwingenden Perle stößt und sie somit aus ihrem Schwung bringt. Erst in dem Augenblick der beherrschten Haltung, die sich auch in einem gesammelten Gesicht zeigt, beginnt das „Eigenleben" der Perle in Schwingung und Kreis.

Zum Aufbewahren der Perlen benutzen wir ein kleines Pappquadrat mit einem Einschnitt, worüber der Faden gewickelt und eingehängt wird.

3. „Schwingen" in der Bewegungserziehung

Das Kind fasst das herunterhängende, dicke Seil und lässt sich nach kurzem Anstoß hin und herschwingen. P. Moor beschreibt treffend das Erlebnis am Seil, auf der Schaukel und an den Ringen: *„Die Schaukel ist nicht nur Zeitvertreib. Sie ermöglicht eine Bewegung, in der man sich wohlfühlt, auf die einfachste Weise eine elementare, aber das ganze Wesen erfüllende Beschwingtheit erlebt."* Schon auf kleinstem Raum können wir das „Schwingen" üben. Die Kinder stehen im Kreis. Je nach der Zahl der Kinder werden mehrere Kreise zu etwa zehn Kindern gebildet. Die Hände fassen um das zum Ring geknotete Gummikabel, auch „Zauberschnur" genannt. Man kann auch ein Schlaufenseil benutzen. Die Kinder lassen sich — auf den Fußsohlen fest ruhend — nach außen und nach innen in ruhigem Gleichmaß schwingen. Die Haltung bleibt dabei aufrecht, die Armmuskeln spannen und lockern sich. In diesem Bewegungsablauf — vor und zurück — reguliert sich die Atmung von selbst. Die Ausatmung kann durch Einschieben eines „F", „ß" oder „Sch" während des Vorschwingens vertieft und verlängert werden. Die Bewegung hat ihre natürlichen Grenzen und zwingt zur Umkehr in die andere Richtung. Das Kind spürt das Straffen und Sichlösen des Gummikabels. Nur wenn sich jedes Kind in die Gruppe einfühlt, bleibt der durch die Hände gebildete Kreis bestehen. Dieses „Schwingen" kann der Ausgangspunkt für die verschiedensten Übungen am Gummikabel sein. Genannt seien nur zwei, die sich beliebig ausbauen lassen:

1. Laufen mit Armwechsel in beiden Richtungen.
2. Sich gemeinsam niederhocken mit angewinkelten Armen, beim Sichwiederaufrecken strecken sich die Arme, indem das Seil nach außen gezogen wird. Diese Übung kann auch mit einem Arm seitlich gemacht werden.

4. Spiele auf dem Hof

(in Hinsicht auf die Bildung eines Körpergefühls)

Es gibt Spiele auf dem Hof, die jedem Kind angeboten werden sollten, da sie in besonderem Maß ein differenziertes Körpergefühl entwickeln.

Da ist z. B. der „Springball“, der mit einer Schnur am Fußgelenk befestigt wird. Das Kind bewegt ihn mit Schwung im Kreis herum und springt über die Schnur in gleichmäßigem Rhythmus.

Sobald die Kinder die Grundübung beherrschen, bilden sie sich selbst neue Aufgaben. Sie laufen z. B. springend vorwärts, verbinden also die Kreisbewegung mit einer Geraden.

Außer dem Springball sollte jedem Kind noch Seilchenspringen und Stelzenlaufen angeboten werden. Beim Seilchenspringen wird zugleich die Atmung rhythmisiert. Beim Stelzenlaufen erlebt das Kind den Punkt im Körper, der ihm das Gleichgewicht ermöglicht, von dem es niemals abweichen darf, da es sonst von den Stelzen herunterfällt.

Zusammenfassend sei festgestellt, dass Pendeln, Rollen einer Kugel auf dem Teller, Schaukeln und Schwingen, Seilchenspringen und Stelzenlaufen gleiche therapeutische Wirkungen wie das Sprechzeichnen in sich bergen, da das Entwickeln eines Körpergefühls auch ein wesentliches Anliegen des Sprechzeichnens ist.

Lirum, Larum, Löffelstiel,
wer dies nicht kann,
der kann nicht viel.

Schaukel hin
und schaukel her,
kleiner Frosch
und großer Bär.

Morgens früh um 6
kommt die alte Hex,
morgens früh um 7
schabt sie gelbe Rüben,
morgens früh um 8
wird der Kaffee gemacht,
morgens früh um 9
geht sie in die Scheun,
morgens früh um 10
holt sie Holz und Spän,
feuert an um 11,
kocht dann bis um 12
Fröschebein und Krebs und Fisch,
hurtig, Kinder, kommt zu Tisch !

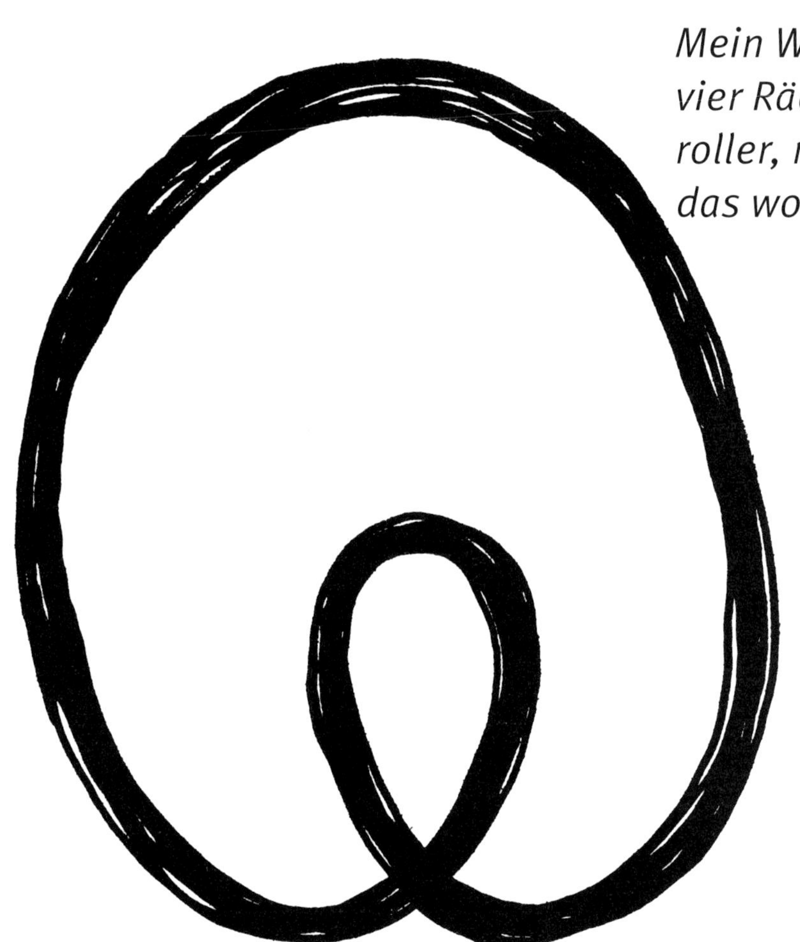

Mein Wagen hat vier Räder,
vier Räder hat mein Wagen,
roller, roller, rummerjahn,
das wollt ich euch bloß sagen.

Ix, ax, u,
aus bist du!

Ich will dir was erzählen
von der Muhme Rählen.
Die Muhme hat ein'n Garten,
und das ist ein Wundergarten.

Eins, zwei, drei,
rische, rasche, rei,
rische, rasche,
Plaudertasche,
du bist frei!

Herr von Hagen,
darf ich's wagen,
Sie zu fragen,
wie viel Kragen
Sie getragen,
als Sie lagen
krank am Magen
in der Hauptstadt
Kopenhagen.

Widele, wedele,
hinterm Städele
hält der Bettelmann Hochzeit.
Pfeift das Mäusele,
tanzt das Läusele,
schlägt das Igele Trommel.

Drei Rosen im Garten,
drei Lilien im Wald,
im Sommer ist's lustig,
im Winter ist's kalt.

Schneck, Schneck,
komm heraus,
komm aus deinem Schneckenhaus.

Ich hab' mir mein Kindlein fein schlafen gelegt,
ich hab' mir's mit roten Rosen besteckt.
Mit roten Rosen, mit weißem Klee,
mein Kindlein soll schlafen bis morgen früh.

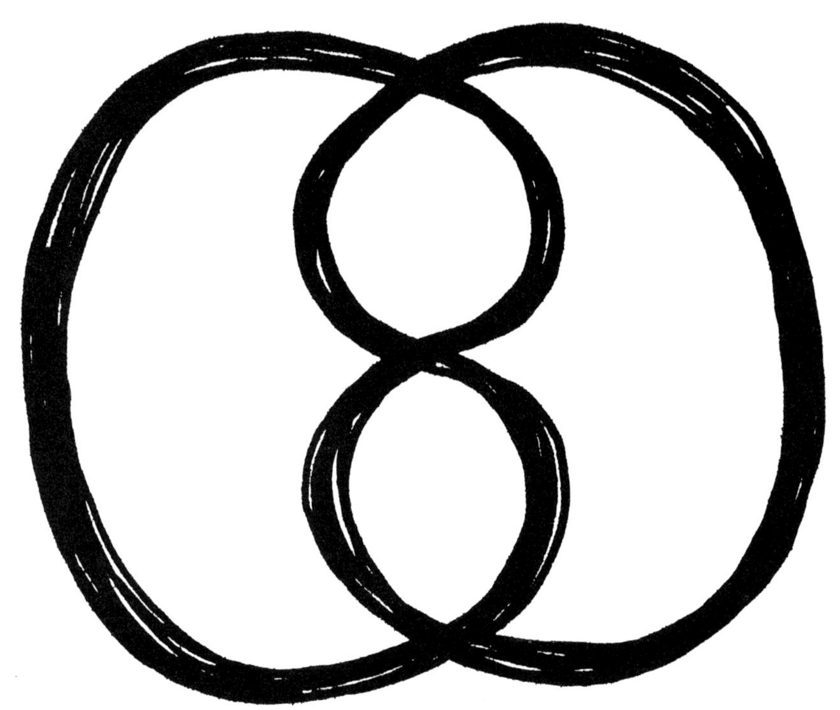

III. Die Zeichen

Die Benennungen der Zeichen, wie „Blume", „Schleife", „Kranz", „Schaukel" usw., wurden alle von Kindern gefunden und beibehalten.

Den Sprechzeichen liegen kreisende, schwingende und eckige Stricharten zugrunde. Man kann sie nach bestimmten Gesichtspunkten ordnen:

1. Geschlossene Formen, die aus dem Kreis entwickelt wurden:
   Kreis, Schleife, Blume, Kranz, Brezel, Acht, Acht im Kreis.
2. Geschlossene, eckige Form:
   Schmetterling.
3. Offene Formen aus dem Kreis:
   Schaukel, Sechs, Schnecke.
4. Offene, eckige Form:
   Garten.

Die geschlossenen Formen kennen weder einen Anfangspunkt noch ein Ende. So kann das Kind an jeder beliebigen Stelle beginnen und aufhören. Das Ende wird durch das Zeitmaß des Verses gesetzt.

Die offenen Formen werden hin- und rücklaufend gezeichnet. Sie sind genau wie das „Schwingen" an zwei Seiten begrenzt, zwingen also zur Umkehr. Bei den zugehörigen Versen fällt die Hinbewegung mit der A-Zeile und die Rückbewegung mit der B-Zeile zusammen (s. „Sechs").

Die angegebenen Verse gelten nur als Angebot, sie können beliebig ausgetauscht werden. Allerdings sind nicht leicht die passenden Rhythmen zu dem Bewegungsablauf des Zeichens zu finden. Während man zeichnet, spürt man dem Rhythmus nach und versucht, Worte oder Verse zu finden.

Ordnung der Zeichen

Geschlossene Formen, die aus dem Kreis entwickelt wurden:

Geschlossene, eckige Form:

Offene Formen aus dem Kreis:

Offene, eckige Form:

IV. Allgemeine methodische Hinweise

1. Das „Heft zum Sprechzeichnen“

Zum Zeichnen benutzt das Kind das im gleichen Verlag erschienene „Heft zum Sprechzeichnen“.

Da sich die einzelnen Formen besser in ein quadratisches Format einfügen lassen, wurde ein Heft mit den Maßen 24 cm x 24 cm erstellt. Die einzelnen Zeichen sind auf einem leichten Zeichenkarton in einem zarten Grauton vorgedruckt. Das Kind übermalt diese mit blauen oder roten Signierstiften (Pelikan). Die Stifte sind mittelweich und liegen gut in der Hand des Kindes. Der methodische Aufbau der Aufgaben ist im Heft von Seite zu Seite gekennzeichnet. Nachdem z. B. auf der ersten Seite des Heftes der „Kreis“ vom Kind angelegt wurde, versucht es auf der zweiten Seite — etwa nach einer Woche — den Kreis ohne Vordruck zu zeichnen.

Der Sinn des Sprechzeichnens liegt nicht im Erlernen von bestimmten graphischen Zeichen — obwohl das Kind diese Fähigkeit nach einer Zeit des Übens erwirbt —, sondern in der ablaufenden Bewegung. So wird auch klar, dass es sinnlos wäre, wenn das Kind nur *einmal* über die vorgedruckte Form zeichnen würde. Immer wieder gleitet der Stift über den Kreis — langsam oder schnell, mit der rechten oder mit der linken Hand, rechts- oder linksherum. Lernziel ist nicht der Kreis, sondern das *Kreisen*; bei der „Schaukel“ nicht der Halbkreis, sondern das *Schwingen* hin und her; bei der „Acht“ nicht die Ziffer, sondern die *Umkehr* der Bewegung nach dem überschrittenen Mittelpunkt (einmal rechts-, einmal linksherum).

Beim Übermalen arbeitet das Kind die Form immer schöner heraus. Jede Form trägt ihren eigenen Bewegungsrhythmus in sich mit spontanen Wirkungen auf das Kind. So ist zu verstehen, dass das Kind immer wieder gerne auf bereits erarbeitete Formen zurückgreift, da ihm die Bewegung im graphischen Raum Freude bereitet.

So könnte eine Übungsstunde z. B. folgendermaßen ablaufen: Nachdem die „Blume“ angelegt wurde, was nicht allzulange Zeit in Anspruch nahm, sagen wir zu den Kindern: „Nun schlagt die Seite mit der ‚Schleife‘ auf!“ Wir singen und zeichnen den Ablauf der „Schleife“, es folgt noch die „Schaukel“

und der „Kreis“. Es ist eine Bewegungsstunde, in der wir auf einmal Geübtes als etwas nunmehr Gekonntes und Vertrautes wieder zurückgreifen. So sind den Kindern die verschiedenen Zeichen mit ihren Bewegungsabläufen genauso bekannt wie gymnastische Übungen in der Turnhalle, die auch erst in der Wiederholung ein sicheres Körpergefühl entwickeln.

So wird man einmal eine Übungsstunde nur für das bilaterale Zeichnen ansetzen. Durch den vielfachen Gebrauch des Arbeitsheftes wissen die Kinder bald, wo die einzelnen Zeichen im Heft zu finden sind. So wird man sagen können: „Schlagt die Seite auf, wo ihr sowohl auf der einen wie auf der anderen Seite einen Kreis seht!“ Nun werden die Hefte mit Tischklammern am Tisch befestigt, damit das Kind mit beiden Händen frei zeichnen kann, ohne durch ein rutschendes Heft behindert zu werden. An den „Kreis“ werden noch weitere bilaterale Übungen — Schaukel, Sechs — angeschlossen, wobei der dazugehörige Vers meist nicht mehr als dreimal hintereinander gesprochen oder gesungen wird.

Jetzt ist zu verstehen, dass erst im wiederholten Übermalen das „Sprechzeichnen“ seinen Sinn erhält, da erst hierdurch ein Körpergefühl, sicheres Umgehen mit Stift und Heft, Einklang von Sprache und Bewegung mit seinen therapeutischen Wirkungen, wie sie bereits dargestellt wurden, hervorgerufen und gebildet werden.

Auf den Seiten 20 und 34 bis 38 findet das Kind Aufgaben, die ein spielendes Umgehen mit den Zeichen beinhalten. Bei diesen „Spielen“ wird das Blatt mit *einer* Form in bestimmter Weise gefüllt. Auch bei diesen Gestaltungen spricht und zeichnet das Kind gleichzeitig. Mit jedem neuen Versanfang ordnet es — das Zeichen wiederholend — dieses planvoll in das Blatt ein. So entstehen z. B. konzentrische Kreise oder Kreise, die sich berühren oder Kreise mit Überschneidungen usw. usw.

Die leeren Blätter am Ende des Heftes dienen ebenfalls diesem „Spielen" mit den Sprechzeichen. So könnte sich z. B. um die „Blume" eine Umkehrung dieses Zeichens schlingen, indem sich die Schleifen, anstatt nach außen, nach innen kehren.

2. Das Sprechen der Verse

Bevor die Kinder mit dem Sprechzeichnen beginnen, wird der jeweilige Vers oder das dazugehörige Lied gesprochen oder gesungen, damit das Kind beim späteren Zeichnen und Sprechen nicht durch mangelnde Merkfähigkeit belastet wird.

Um das Ohr des Kindes trotz gleichbleibender Worte wachzuhalten, finden wir für das Sprechen der Verse variable Möglichkeiten:

1. Die Verse können in mehreren Klangstärken — vom Flüsterton bis zum Zimmerton — gesprochen werden.
2. Das Tempo kann verändert werden. Es wird sich der mehr oder weniger schwungvollen Bewegung anpassen.
3. Es kann in verschiedenen Tonhöhen gesprochen werden, mal tief, mal hoch.
4. Auch lässt sich die Sprechmelodie variieren. Man spricht melodisch oder scharf akzentuiert.
5. Aus dem rhythmisch gesprochenen Vers können jederzeit Melodien entstehen. Diese enthalten viele Variationsmöglichkeiten vom monotonen Sprechgesang bis zu reichem Tonumfang mit Melismen und gewagten Rhythmen.

3. Körpergefühl

Ein gutes Körpergefühl zeigt sich in einer aufrechten Haltung, unverkrampftem Führen des Stiftes und in der leicht gleitenden, von jeder Verzögerung freien Bewegung.

Das Kind sitzt mit erhobenem Kopf, gestreckter Wirbelsäule vor seinem Heft. Beide Arme ruhen auf dem Tisch. Es empfiehlt sich, das Sprechzeichnen auch im Stehen an der Wandtafel machen zu lassen.

Der Stift liegt in der Hand des Kindes zwischen Daumen, Zeigefinger und Mittelfinger. Kleine Kinder halten den Stift zunächst mit der ganzen Faust. Dann erst können sie die Hand so nach auswärts drehen, dass der Stift *in* der Hand liegen kann.

Man kann die gleiche Entwicklung beim Handhaben der Schere beobachten. Das kleine Kind greift die Schere von oben und vermag beim Schneiden die Hand auch noch nicht zu drehen. Auch beim Heranwinken mit dem Zeigefinger drehen sie zunächst die Hand nicht, sie machen eine „kratzende“ anstatt eine „lockende“ Bewegung.

Das Kind wird von uns nicht aufgefordert, den Stift in die rechte oder linke Hand zu nehmen. Wir beobachten nur, ob es ihn in der rechten oder linken Hand hält. Die Linkshänder merken wir uns und beobachten sie auch bei anderen Tätigkeiten eingehend. Während des Sprechzeichnens fordern wir alle Kinder auf, mal den Stift in die eine, mal in die andere Hand zu nehmen. So verhindern wir eine einseitige Ausbildung einer Hand und stören den Linkshänder nicht in seiner Veranlagung.

4. Führung des Stifts

Die Führung des Stifts ist bei den einzelnen Kindern sehr unterschiedlich. Manche halten die Bewegung geradezu mit den Augen fest. Sie wollen genau die vorgezeichnete Linie treffen und wagen kaum, den Stift vorwärts zu bewegen. Andere wieder lassen während des Zeichnens die Augen vom Blatt weg im Raum umherschweifen. Der Stift läuft dann kreuz und quer über das Blatt.

Der Bewegungsablauf kann auch durch „Stricheln“ gehemmt werden, d. h. der Stift macht auf der Linie des Zeichens kleine Vor- und Rückbewegungen, und die fortlaufende Bewegung gerät ins Stocken.

Bei manchen Kindern muss man die allzu schwungvolle Bewegung, die maßlos wird, etwas bremsen, da sonst die Form auseinanderfließt.

Ist das Körpergefühl noch nicht ganz entwickelt, kann die Bewegung, z. B. bei Überschneidungen oder beim bilateralen Zeichnen, plötzlich stocken. Das Kind „überlegt“, wo es „fühlen“ sollte.

Manche Kinder leiden bereits unter „Handzittern“. Ihr Strich ist schwach, ungelenk, zittrig.

Wieder andere Kinder drücken den Stift so stark auf das Papier, dass es Einkerbungen bis zum Zerreißen gibt.

Bei der Strichführung pflegen wir beide Richtungen. Zu jeder Zeit muss das Kind von links nach rechts und umgekehrt wechseln können.

Beim Sprechzeichnen kann man Kinder beobachten, die eine Linie nur kurze Zeit verfolgen können. Sie unterbrechen häufig, und man sieht nur abge-

rissene Linien, dazu viele neue Ansätze. Dabei kann sich kein Körpergefühl entwickeln.

Die einzelnen Formen unterliegen einem Prozess der Gestaltung. Die erste Linie braucht nicht ausgeprägt zu sein, erst durch das wiederholte Übermalen entsteht eine „Gestalt“. Es bilden sich an bestimmten Stellen Schwerpunkte, von denen aus die Bewegung angetrieben wird. Es können auch zwei sich unterscheidende Schwerpunkte gebildet werden, ähnlich wie beim 4/4-Takt sich „1“ und „3“ hervorheben, jedoch die „1“ stärker als die „3“.

5. Lockerungsübungen

Wir unterbrechen gelegentlich das Sprechzeichnen, um Lockerungsübungen einzuschieben. Rhythmische Muskelbewegungen in Verbindung mit der Atmung stehen im Mittelpunkt. Wir bevorzugen den dreiteiligen Ablauf von Spannung, Abspannung, Lockerheit, den die Schule Schlaffhorst-Andersen in jahrzehntelangen Übungspraktiken erprobt hat. Verkrampfungen entstehen durch einseitige Belastungen eines Muskels, erst der Wechsel von Spannung und Abspannung erzeugt den Muskeltonus, der keine Ermüdungserscheinungen aufkommen lässt.

Das Kind legt den Stift hin, schließt die Hand zur Faust (Spannung), streckt dann alle fünf Finger auseinander (Abspannung), wozu es kräftig „pschsch“ spricht, d. h. es atmet kräftig aus, dann lässt es die Hand in leichter Krümmung locker auf dem Tisch liegen (Lockerheit).

Denselben dreiteiligen Rhythmus üben wir nun mit den Armen. Das Kind beugt die Arme und drückt sie gegen den Körper (Spannung), dann streckt es sie – wie nach dem Schlaf – weit von sich und gähnt dabei (Abspannung), zum Schluss lässt es die Arme fallen und auspendeln (Lockerheit). Die erste Bewegung der Spannung ist immer rasch zu vollziehen, die zweite der Abspannung stets langsam, die dritte kann beliebig lang dauern. Aus ihr „schnellt“ das Kind in die Spannung hinein.

Wir versuchen auch den dreiteiligen Rhythmus mit dem einen oder anderen Finger. Am besten eignen sich der Zeigefinger und der Mittelfinger. Die Hand ruht dabei auf dem Tisch, der Finger krümmt sich (Spannung), streckt sich langsam, wozu das Kind die Luft auf „F“, „ß“ oder „Sch“ entweichen lässt (Abspannung), legt sich dann sacht gebogen neben die anderen Finger (Lockerheit).

Erholsam für das Kind – vor allem für seine Augen – ist das so genannte „Palmieren“. Das Kind legt die Hände kreuzweise über die geschlossenen Augen und stellt sich dabei „Dunkelheit" oder „Nacht" vor.

Mit den Händen kann das Kind die Lungentätigkeit nachahmen. Es hält die Hände, wie um einen kleinen Ball gelegt und öffnet sie langsam, als würde der Ball aufgeblasen. Verbunden mit einem ausströmenden „Sssss" drückt es die Hände zusammen, als wolle es Wasser aus einem Schwamm quetschen, um sie dann langsam wieder sich bis zur Größe eines Luftballons runden zu lassen.

6. Sprechzeichnen im Stoffplan der Vorschulerziehung

Wann können wir mit dem Sprechzeichnen beginnen?

Die ersten drei Formen, Kreis – Schaukel – Sechs, können bereits dem vierjährigen Kind angeboten werden. Man wird zunächst als Material den Wachsblock, Fingerfarben und Kleistermalerei auf großen Papierbogen (kein Heft!) benutzen.

Das fünfjährige Kind ist in der Ausbildung der Feinmotorik so weit fortgeschritten, dass es im Sprechzeichenheft die Figuren nachvollzieht.

Wenn wir das Jahr vor dem Eintritt in die Schule in Trimester einteilen, so könnten wir in jedem Teil des Jahres vier Formen einordnen. Es genügt, wenn wir in jeder Woche dreißig Minuten dem Sprechzeichnen vorbehalten. In dieser Zeit wird die neue Form eingeführt, und die bereits vorhandenen werden immer neu wiederholt, d. h. übermalt.

Es ist nicht unbedingt notwendig, dass alle Formen angewandt werden, dies richtet sich nach der jeweiligen Zusammensetzung der Gruppe. Hier sei die Reihenfolge der wichtigsten Zeichen aufgeführt:

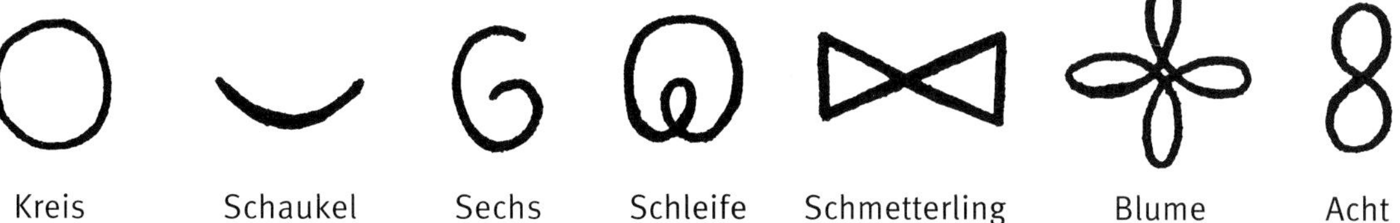

V. Methodische Hinweise zu den einzelnen Zeichen

1. Der Kreis

An den Anfang dieses Abschnitts sei ein Zitat von G. Gollwitzer gestellt:

„Kreis-Zeichnen — aber wie? Auf einem großen Bogen auf dem Tisch oder noch besser an der Wand, mit ausgestrecktem Arm, aus der Körpermitte heraus! Kreise zuerst wie ein Adler in der Luft über dem Papier bis allmählich das Kreisen sichtbar wird im gezeichneten Kreis. Immer runder, immer weiter kreisend fährst du fort, bis du endlich — leider! — aufhören mußt.“

Dem Vorschulkind ist die Form des Kreises vertraut. Das Kind lernt bei dem Zeichnen Linie von Fläche unterscheiden.

Manche Kinder beginnen die Kreislinie zu zeichnen, vermögen aber nicht, sich auf ihr zu halten, werden in der Bewegung immer enger und landen schließlich, nachdem sie die Fläche ganz gefüllt haben, im Mittelpunkt des Kreises.

Der Vers setzt das Zeitmaß für den Ablauf. Mit jedem Neubeginn tritt ein Wechsel ein: in der Richtung, von einer Hand zur anderen.

Der frei gezeichnete Kreis unterscheidet sich von dem durch den Zirkel gezogenen durch ein oder zwei Schwerpunkte, die sich auf der Kreislinie nach längerem Übermalen bilden.

Auch in der **Bewegungserziehung** stellen wir das Sprechzeichnen dar.

Die Kinder gehen mit gefassten Händen im Kreis herum, wozu sie den Vers sprechen. Jeweils zu Neubeginn des Verses tritt eine neue Bewegungsform auf:

Die Kreisrichtung wird gewechselt, dann bleiben die Kinder stehen, lösen die Hände und drehen sich um sich selbst, fassen wiederum die Hände und führen mit ihnen einen großen Kreis aus. So setzt nach jeder achttaktigen Periode, die der Vers angibt, eine neue, kreisende Bewegungsform ein.

Einzelbeobachtungen des Erziehers bei Beginn des Sprechzeichnens sind so wichtig, dass man sich hierüber orientieren möge.

Auffälliges Verhalten in Bezug auf:

1. Körperhaltung
2. Stifthaltung
3. Stiftführung
4. Sprache und Atmung

wird notiert. Davon interessieren uns folgende spezielle Fragen:

1. Ist das Kind Links- oder Rechtshänder?
2. Was macht die unbeschäftigte Hand?
3. Wie ist die Kopfhaltung beim Zeichnen?
4. Bevorzugt das Kind *eine* Richtung, kann es schwer in die andere umschalten?
5. Ist das Tempo des Zeichnens auffallend schnell oder langsam?
6. Schweift das Kind beim Zeichnen mit den Augen ab?
7. Ermüdet das Kind rasch?
8. Spricht das Kind den ganzen Vers mit? Einzelne Worte? Gar nicht?
9. Atmet das Kind nach Sinneinheiten? „Schnappt“ es nach jedem Wort?

Übungen zum Ausgleich von Links- und Rechtshändigkeit, zum konzentrierten Ausführen von Bewegungsabläufen, zur Verbesserung der Sprech- und Atemtätigkeit finden sich bei den Faden- und Blas-Spielen auf den Seiten 61—73.

Liegen die von den Kindern gezeichneten Kreise vor uns, so werden sie eingehend betrachtet und beurteilt. An der Strichführung können wir Folgendes bemerken:

1. Drückt das Kind zu stark auf, so dass die Form auf der Rückseite des Blattes durchkommt? Wendet das Kind kaum Druck an?
2. Ist der Strich zittrig?
3. Weicht der Strich öfter von der Kreislinie ab? Fährt er mitten hindurch?
4. Sind einzelne Ecken in der Kreislinie?
5. Hat das Kind den Stift wiederholt neu angesetzt?
6. Weicht das Kind von der Aufgabe ab, indem es etwas dem Kreis hinzufügt?

Wir können bereits an dem ersten Zeichen erkennen, ob das Kind Formgefühl hat, ob es sich konzentrieren kann, ob es in seiner Entwicklung noch stark zurück ist.

Weist die Form starke Schwächen und Behinderungen auf, so werden wir dem Kind Hilfen geben müssen, die sich weitgehend außerhalb des Zeichnens abspielen müssen. Gerade therapeutische Tätigkeiten, wie Kneten, Kleistermalereien, gestische Übungen usw., müssen das Kind von den verschiedensten Seiten ansprechen und ihm zu Entwicklungen verhelfen.

Auf den Seiten 61—65 sind Fadenspiele aufgezählt. Es sind für die Kinder gezielte Übungen zur Verbesserung der Konzentration auf den Bewegungsablauf, der Feinmotorik und der Koordination der Finger.

2. Die Schaukel

Die „Schaukel" gehört zu den offenen Formen. Hierbei muss die rückläufige Bewegung beachtet und geübt werden. Immer wieder schwingt sich der Stift leicht über das Papier, allmählich bildet sich am unteren Rand ein Schwerpunkt. Der Vers ordnet sich der Bewegung ein. Bei kleineren Schwüngen erhält die erste Zeile vier Bogen. Eins und drei entsprechen sich genauso wie zwei und vier.

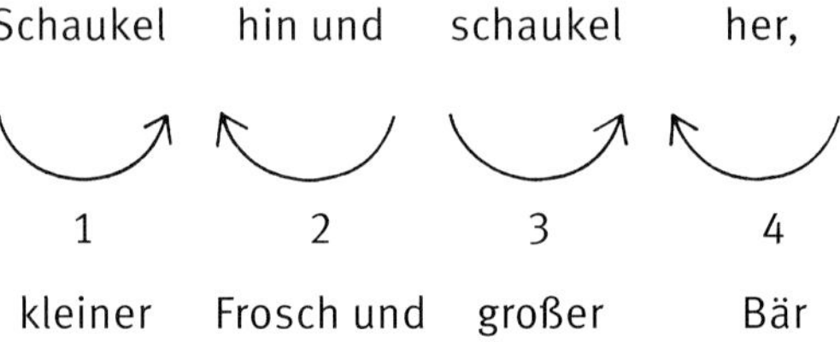

Will man die Bewegung ruhiger ausführen, so werden die Worte folgendermaßen verteilt:

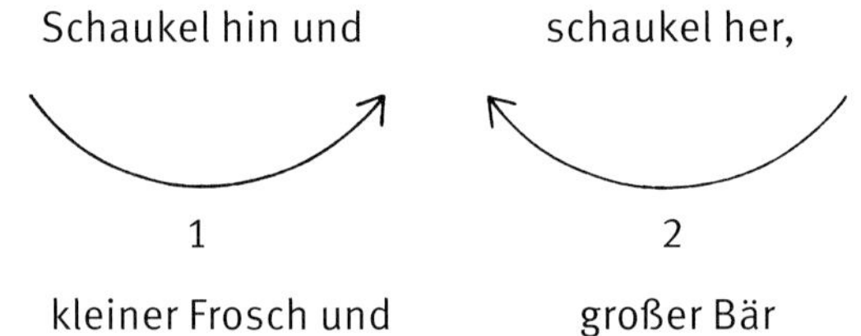

An der Wandtafel zeichnet man mit großem Armschwung:

Schaukel hin und schaukel her, kleiner Frosch und großer Bär

Es empfiehlt sich, die Schaukel auf alle drei Arten zu zeichnen. Das Kind bevorzugt von sich aus die kurzen Schwünge, entsprechend seiner kürzeren Atembewegung. Bei der Beurteilung der „Schaukel“ beachten wir, ob das Kind auf einem Punkt umkehren kann. Auch beobachten wir, ob der Halbkreis erhalten bleibt und nicht zu einem Strich abgeflacht wird. Kinder, die in der Sprachentwicklung Rückstände haben, lassen beim Sprechen des Verses meist das verbindende „und“ aus, sie sagen: „Schaukel hin, schaukel her, kleiner Frosch, großer Bär.“

3. Die Sechs

Wir zeichnen die „Sechs“ aus der Kreisform heraus wie den Anfang einer Spirale. Die Kinder beginnen sie am äußeren Ende, am Schluss der ersten Zeile: „Morgens früh um sechs“ – ist das Kind in der Mitte angekommen. Die zweite Zeile gehört sinngemäß zur ersten Zeile: „Kommt die alte Hex“ – das Kind zeichnet zum Ausgangspunkt zurück.

Aus den männlichen Endungen: Sechs, Hex, acht, gemacht, neun, Scheun, zehn, Spän – wollen wir eine lautliche Zweisilbigkeit erzeugen, indem wir sprechen: Se-kß (Lautschrift für „chs“ und „x“ ist „kß“), He-kß, ach-t, mach-t, neu-n, Scheu-n, zeh-n, Spä-n. Es bedeutet ein spielendes Umgehen mit dem Schlusslaut, was den Kindern Spaß macht und zugleich dem üblichen „Verschlucken“ des letzten Lautes entgegenwirkt.

Das rhythmische Bild des Verses sieht so aus:

Wir sprechen den Vers bis „holt sie Holz und Spän“, danach verändert sich das Sprechmuster „morgens früh“, es folgt rasch aufeinander an den Zeilenanfängen „feuert – kocht – Fröschebein“. Das bedeutet eine dreimalige Tempobeschleunigung bis zu dem Abgesang „Hurtig, Kinder, kommt zu Tisch!“ Wir bringen die Veränderung durch improvisiertes, schwungvolles Singen zum Ausdruck, wobei sich Zeile 1 und 2 – „**feuert** an um elf, **kocht** dann bis um zwölf“ – gleichen können, der Schwung treibt die Melodie aufwärts; Zeile 3 –

WACHSMALSTIFT

„Fröschebein und Krebs und Fisch" – hält sich ausdrucksvoll – vielleicht in einem punktierten Rhythmus – oben; Zeile 4 – „Hurtig, Kinder, kommt zu Tisch!" – bringt den Abgesang. Bei „Tisch" sind wir wieder am äußeren Ende der „Sechs" angelangt. Ohne die Straffung und ohne den Übergang in eine melodische Form würde die Länge des Verses das Kind ermüden, während es bei dieser Art der Gestaltung den Augenblick des Herausbrechens aus dem Gleichmaß mit Spannung erwartet.

In der **Bewegungserziehung** gehen wir die „Sechs" aus dem Kreis heraus. Bei jeder ungeraden Verszeile öffnet sich der Kreis an einer Stelle, das Kind

zieht die anderen während der ersten Zeile mit drei Schritten zur Spirale in den Kreis, auf „4" werden die Füße zusammengestellt. Bei den Worten: „Kommt die alte Hex" geht das Kind rückwärts in den Kreis zurück und schließt denselben. Ein anderes Kind wiederholt die gleiche Bewegungsform bei der dritten Verszeile. Wenn sieben Kinder die „Sechs im Kreis" geschritten haben, ist der Vers beendet.

4. Die Schleife

Im methodischen Gang tritt jetzt die erste Überschneidung auf.

Wann erlebt das Kind dieses „Überkreuzen"?:

Beim Verschränken der Arme (Ri-ra-rutsch),

beim Binden eines Knotens und einer Schleife,

beim Spannen von Fäden über Nägel,

beim Flechten und Weben usw.

Beim 4. Zeichen des Sprechzeichnens ruht der kleine Kreis im großen Kreis. Das Kind muss die Kreisbahn verlassen, den kleinen Kreis bilden und die Bahn des großen Kreises in der gleichen Richtung fortsetzen.

Das Überschneiden einer Linie fällt dem Kind zunächst schwer. Es hält vor der Kreuzung inne – überlegt – und ändert die Richtung (a)! Es kann auch vorkommen, dass es im großen Kreis bleibt und nicht den Anschluss an den kleinen Kreis findet (b).

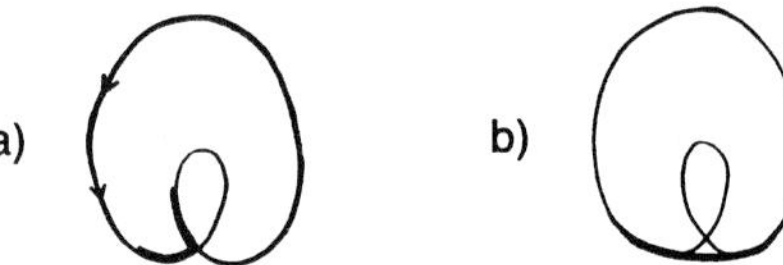

Erst auf einer bestimmten Entwicklungsstufe und mit einem sicheren Körpergefühl vermag das Kind eine Linie, die eine andere kreuzt, fortzuführen. Bei unseren Schriftzeichen treten viele Überschneidungen auf. Beherrscht das Kind die Form der „Schleife" innerhalb des Sprechzeichnens, fällt ihm das Schreiben von Buchstaben – wie die Erfahrung gelehrt hat – auch nicht mehr schwer. Ist nach dem Anlegen der „Schleife" einige Zeit verstrichen, lässt man die Kinder die Form aus dem Gedächtnis zeichnen. Man kann dann Vorstufen zu der richtig gebildeten „Schleife" beobachten. Sie zeigen sich bei den Kindern, die in ihrer Entwicklung noch etwas zurück sind.

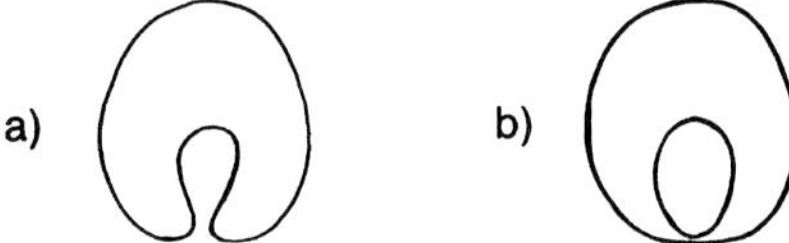

Sowohl bei Form a wie b wurden Überschneidungen vermieden.

Wir können den Kindern verschiedene Hilfen geben. Wir lassen die Kinder aus Knetgummi eine Schlange rollen, diese wird einmal umeinander geschlungen (a), später auch zweimal (b).

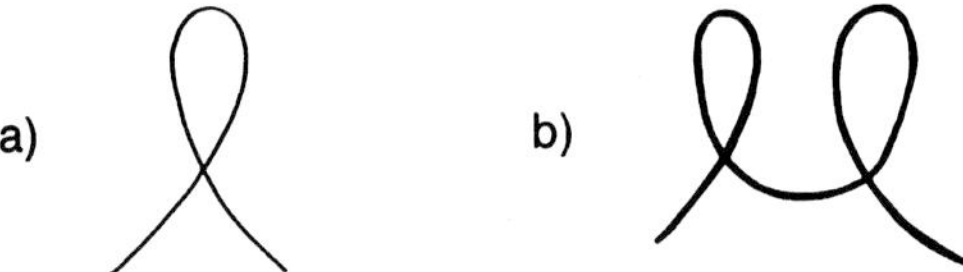

Das Kind fühlt nun mit dem Finger dem Verlauf der Schlange nach. Einmal muss der Finger unten durchkriechen, einmal geht er über das untere Teil hinweg. Nachdem das Kind an der dick gerollten Schlange die Überkreuzung leicht nachfühlen konnte, geben wir ihm einen Baumwollfaden für die gleiche Übung.

Malt das Kind eine Kreuzung, so sagen wir: „Nun muss das Auto über die Straßenkreuzung fahren

– nicht abbiegen!“ Das Kind zeichnet die Bogen jetzt mit großem Armschwung an die Wandtafel. Das Lied „Mein Wagen hat vier Räder“ unterstützt nur den rollenden Ablauf dieser Form. Wenn das Kind den Rhythmus „groß – klein, groß – klein“ ohne hemmende Überlegungen aus dem Gefühl heraus nachempfindet, gerät es in einen lustvollen Schwung und mag kein Ende finden. Es erlebt gleichsam ein „Perpetuum mobile“.

Beim Zeichnen beobachten wir genau, ob das Kind das Tempo bei der Kreuzung nicht verringert. Kann es die „Schleife“ sowohl rechts- wie linksherum ausführen? Nimmt es den Rhythmus „groß – klein“ auf, oder überschlägt es manchmal den kleinen Kreis?

Wir können auch die „Schleife“ in der **Bewegungserziehung** darstellen. Vorher überlegen wir, wie viel Kinder am besten den kleinen Kreis bilden sollen (bei 15 Kindern = 4, bei 20 Kindern = 5).

Der Kreis öffnet sich, ein Kind geht gegenüber durch ein „Tor“, zieht dabei die Kinderreihe hinter sich her, geht in Kreisrichtung weiter und schließt den Kreis wieder. Die Kinder singen dazu den ersten Vers. Das Durchkriechen muss in dem Augenblick aufhören, wo drei bis vier Kinder den kleinen Kreis gebildet haben. Sie bleiben stehen, bis der große Kreis wieder geschlossen ist.

5. Der Schmetterling

Nun folgen zwei Formen „Schmetterling“ und „Garten“ mit spitzen und rechten Winkeln.

Der Vers zum „Schmetterling“: „Ix-ax-u, aus bist du!“ wird skandierend gesprochen. Dieses etwas „abgehackte“ Sprechen verhütet das Verschlucken von Silben. Jede Silbe erhält gleiches Gewicht und gleichen Impuls. Das Kind sollte an jedem Eckpunkt den Stift einen Augenblick auf dem Papier ruhen lassen, nachdem es den Strich zügig geführt hat.

Das Kind kann an einer der vier Ecken zu zeichnen beginnen, von Ecke zu Ecke spricht das Kind stets nur eine Silbe. Beginnt das Kind auf Punkt „A“, zieht es über B 1 und endet auf „A 1“, der gegenüberliegenden Seite auf gleicher Höhe. Dasselbe ergibt sich von jedem Punkt aus (s. Abb.).

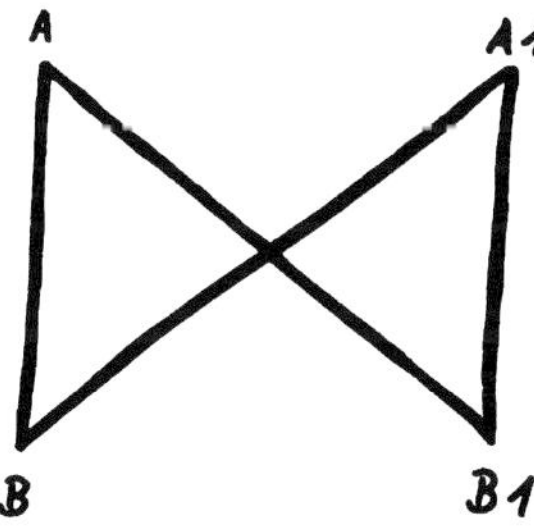

Wir müssen beim Zeichnen darauf achten, dass aus den spitzen Winkeln keine Rundungen werden.

6. Der Garten

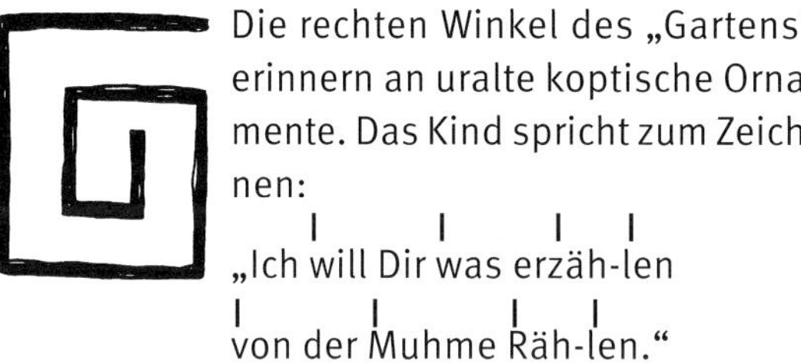

Die rechten Winkel des „Gartens“ erinnern an uralte koptische Ornamente. Das Kind spricht zum Zeichnen:

„Ich will Dir was erzäh-len
von der Muhme Räh-len.“

Die Betonungen liegen an den Ecken der Form. Das Kind spricht langsam und zeichnet dazu bedächtig die geraden Linien. Es beginnt in der Mitte, von außen führt es den Stift wieder zurück und spricht:

„Die Muhme hat ein’n Garten,
und das ist ein Wundergarten.“

Acht Linien hin und acht Linien zurück.

Der „Garten“ kann nur schön werden, wenn das Kind beim wiederholten Übermalen den Strich nicht zu breit werden lässt.

Mit den Quadern des Uhlschen Bauwagens kann das Kind den „Garten“ legen. Auch kann er beim Dominospiel aufgebaut werden, wenn wir der Spielregel folgen, immer nur an einem Ende einen neuen Stein anzusetzen.

7. Die Blume

„Blume“ und „Kranz“ bilden im methodischen Gang der Formen eine Einheit. Sie werden von den Kindern freudig aufgegriffen.

Das Überkreuzen von zwei Linien, das hier zum erstenmal auftritt, macht den Kindern keine Schwierigkeiten, wenn sie gemerkt haben, dass sich die Schleifen immer auf einer Kreisbahn bewegen. Verläuft die Grundrichtung bei „Blume“ und „Kranz“ im Uhrzeigersinn, so werden die Schleifen in Gegenrichtung geführt und umgekehrt.

So werden wir auch bei der „Blume“ zunächst nacheinander mit dem Finger in jede Schlinge tippen, einmal rechts- einmal linksherum. Die Kinder sprechen dazu den Vers:

1 — 2 — 3 —
rische — rasche — rei —
rische — rasche — Plaudertasche
du — bist — frei! —

Zeile 1, 2 und 4 haben eine Pause am Ende, auf der das Kind nicht spricht, sondern einatmet. Durch die kreisende Bewegung und das Vorwärtsdrängen des Verses bereits in der ersten Zeile: „1 — 2 — 3" kommt das Kind beim Zeichnen in Schwung, und stets löst dieser Vers eine frohe Stimmung aus.

8. Der Kranz

Der „Kranz" ist die erweiterte „Blume". Er wird eher als diese von den Kindern frei gezeichnet, wenn er auch nicht immer genau „8" Schlingen aufweist, was wir vom vorschulpflichtigen Kind nicht verlangen wollen. Wie das Kind Blume an Blume zu einem Kranz aneinanderreiht, so fügt es Schlinge an Schlinge, bis es wieder am Anfang angekommen ist.

Der Vers, der fortlaufend den A-Laut bringt, dient zugleich als Kieferübung. Wir veranlassen das Kind, bei jedem gedehnten „A", H**a**gen — w**a**gen — fr**a**gen — Kr**a**gen — getr**a**gen — l**a**gen — M**a**gen — Kopenh**a**gen, den Mund weit zu öffnen. Alle acht Schlingen werden in Verbindung mit einem gedehnten „A" gezeichnet.

9. Die Brezel

Bei der „Brezel" werden die Überkreuzungen auf kleinstem Raum dargestellt.

Der Charakter der Melodie des im 3/4-Takt stehenden Liedes „Widele, wedele, hinterm Städele ..." unterstützt das beschwingte Gleiten des Stifts bei den Überschneidungen. In den drei Schlingen liegen zwei Bewegungsanstöße. Teilt man die Form in zwei Teile (Bild a und b), so ergeben sich zwei Sechsen im Spiegelbild. Die Stiftführung bleibt in der gleichen Richtung.

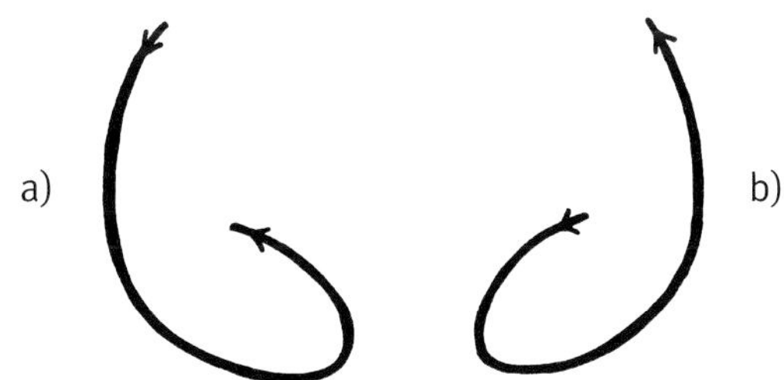

WACHSMALSTIFT

Im Lied bilden je zwei Takte ebenso eine Einheit:

„Widele, wedele“ „hinterm Städele“

Der erste Takt hat jeweils einen größeren Schwerpunkt als der zweite. So entsprechen sich Form und Lied in der Zahl 2 und 3 gleichermaßen. Beim Zeichnen liegen die beiden Schwerpunkte in den dem Körper zugewandten Bogen der „Brezel“.

10. Die Acht

Wie für die „Brezel“ wurde auch für die „Acht“ ein Dreiertakt gewählt. Der Vers zeigt durch den Auftakt:

„Drei Rosen im Garten“

ein neues Element, einen Absprung in die Bewegung hinein. Der zweite Schwerpunkt ist wieder leichter, wie wir das bereits im Lied „Widele, wedele ...“ festgehalten hatten.

Der Vers:

„Drei Rosen im Garten, drei Lilien im Wald,
im Sommer ist’s lustig, im Winter ist’s kalt.“

besitzt vier Schwerpunkte:

Rosen — Lilien
Sommer — Winter

Diese Worte fallen auf den unteren, dem Körper zugewandten Bogen der „Acht“. Auf den leichteren Schwerpunkt im oberen Bogen fallen:

Garten — Wald
lustig — kalt

Im Mittelpunkt der „Acht“ findet der jeweilige Richtungswechsel statt. Er muss aus der Körpermitte heraus empfunden werden. Dem Richtungswechsel in der Form entsprechen die Gegensätze im Vers:

Rose — Lilie
Garten — Wald
Sommer — Winter
lustig — kalt

Nach allen vorangegangenen Zeichen fällt dem Kind die „Acht“ leicht und es zeichnet sie sofort aus dem Gedächtnis nach.

Spiel mit der Acht

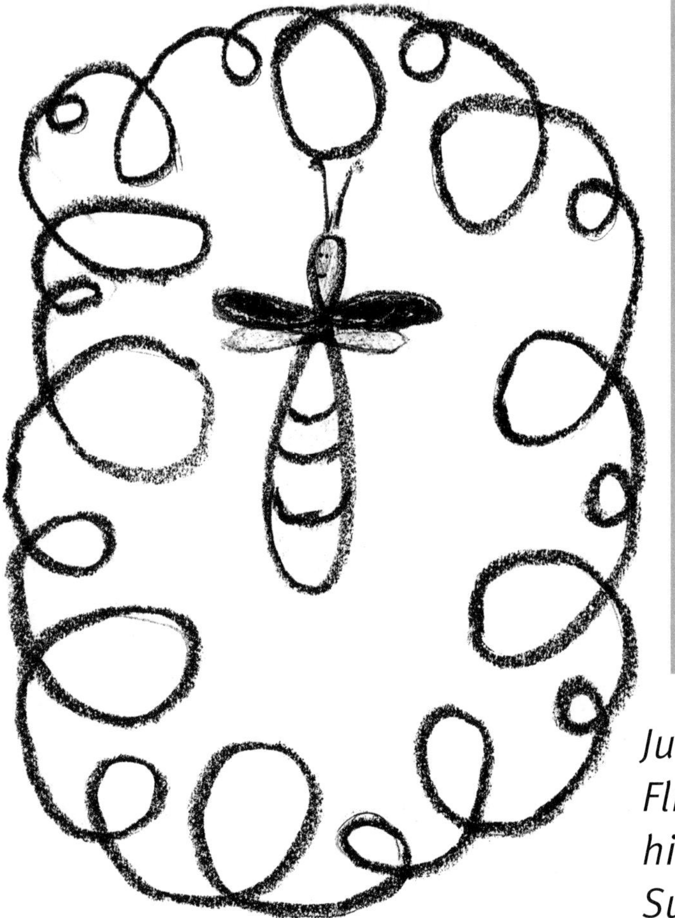

In der **Bewegungserziehung** können die Kinder die „Acht" gehen und dabei den Richtungswechsel sehen. Die Kinder stehen im Kreis, ein Kind öffnet ihn, kriecht genau wie bei der „Schleife" durch ein Tor, geht nun aber nicht in Kreisrichtung, mit Blick nach innen gerichtet, weiter, sondern sieht nach außen, zieht die Kinder hinter sich her und bildet so einen zweiten Kreis mit Blickrichtung nach außen. So bildet die Hälfte der Kinder den nach innen blickenden, die andern den nach außen blickenden Kreis.

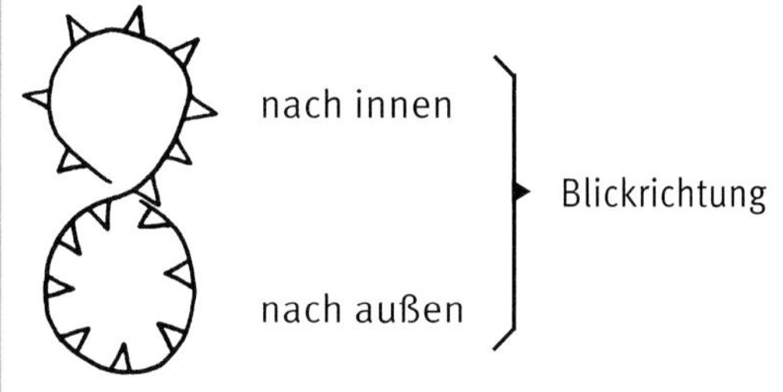

Jungfer Libelle,
Flieg schnelle, flieg schnelle,
hin zu den Teichen.
Such' deinesgleichen.

11. Die Schnecke

Die Spirale – vom Kind „Schnecke“ genannt, weil es die Form der Spirale auf den Schneckenhäusern sieht – wurde bereits in der dritten Form, der „Sechs“, angelegt.

Das Kind beginnt in der Mitte und ent„wickelt“ die Form nach außen, um dann wieder zum Mittelpunkt zurückzukehren. Das Weitwerden der Bewegung und das sich wieder Verkleinern bis zum Mittelpunkt macht den Reiz dieses Zeichens aus.

Es ist nicht leicht für das Kind, den richtigen Abstand zu halten. Genauso wie man ein Wollknäuel nicht zu fest und nicht zu locker wickeln darf, so kommt die Form der „Schnecke“ nur klar zum Ausdruck, wenn zwischen den Linien genug Raum bleibt. Zu diesem Zeichen passt jeder Vers, der von der Schnecke handelt.

Auch in der **Bewegungserziehung** gehen wir die „Schnecke“. Die Kinder stehen im Kreis. Ein Kind öffnet den Kreis, geht innen an der Kreislinie entlang, zieht die Schlinge so lange hinter sich her, bis es im Mittelpunkt angekommen ist und sich die Spirale gebildet hat. Indem sich nun das führende Kind umdreht, kann es den gleichen Weg zurückgehen, bis die Spirale wieder aufgelöst ist und sich der Kreis schließt.

12. Die Acht im Kreis

Die „Acht im Kreis“ fasst die Kreisbewegung, Überschneidungen und Richtungswechsel zusammen. Nur aus einem entwickelten und damit gestärkten Körpergefühl heraus kann sie mit Leichtigkeit gezeichnet werden. Zu dieser Form, die etwas Geschlossenes hat und ein Gefühl für runde Schwünge verlangt, passt das Wiegenlied: „Ich hab’ mir mein Kindlein fein schlafen gelegt ...“

Ich hab mir mein Kindlein (a)

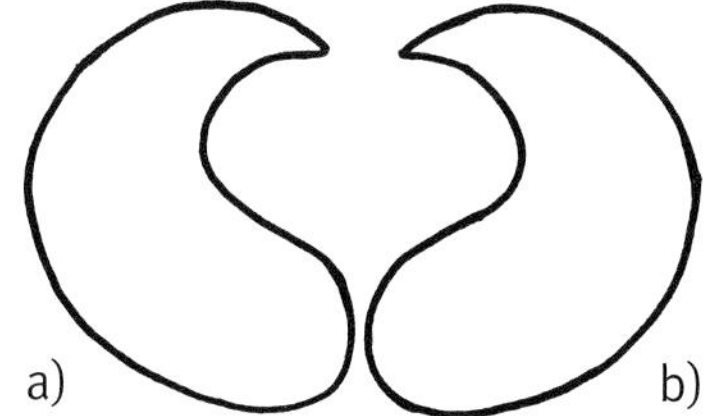

fein schlafen gelegt (b)

Der Richtungswechsel findet wie bei der „Acht“ im Mittelpunkt des Zeichens statt.

WANTED

VI. Bilaterales Zeichnen

Das bilaterale Zeichnen gehört zu den schönsten Konzentrationsübungen nicht nur für Kinder, sondern auch für Erwachsene. Es fördert das Körpergefühl ungemein, ja, man kann sagen, dass es — ohne Körpergefühl — gar nicht auszuführen ist. So wird das bilaterale Zeichnen zu einem wesentlichen Bestandteil des „Sprechzeichnens".

Als Vorübung für das bilaterale Zeichnen empfiehlt sich Kleistermalerei auf großen Bogen (Material: Kleister und Pulverfarbe). Das Kind malt zunächst mit beiden Händen, später mit zwei Fingern und spricht oder singt dazu die Verse. Geht es zu einer neuen Form über, braucht es nur mit der flachen Hand über seine Figuren zu streichen, um wieder eine unbemalte Fläche vor sich zu haben.

Zeichnet das Kind ins Heft, so muss dieses mit zwei Klammern am Tisch befestigt werden, damit die Kinder ihre Hände frei gebrauchen können. Sie können bilateral sowohl im Sitzen wie im Stehen zeichnen. Die Kinder zeichnen die gleiche Figur auf zwei Heftseiten. Es können alle Formen bilateral gezeichnet werden, doch haben wir im Heft die wichtigsten ausgewählt: Kreis — Schaukel — Sechs — Acht. Diese Zeichen sollte man unbedingt von den Kindern bilateral zeichnen lassen. Wir beginnen mit „Kreis" und „Schaukel" bereits im ersten Drittel des Jahres, die anderen folgen im zweiten und dritten Drittel nach.

Wir beobachten das Kind beim bilateralen Zeichnen eingehend. Je weniger Körpergefühl ein Kind hat, desto mehr muss es die Augen gebrauchen. Es blickt unaufhörlich von links nach rechts und von rechts nach links. Dabei bleibt **die** Hand automatisch stehen, die gerade nicht mit den Augen verfolgt wird (Abbildung Seite 52).

Diese Kinder führen meist die Hände in paralleler Richtung. Die eine Hand arbeitet selbstständig und nimmt die zweite ins „Schlepptau". Bei gutem Körpergefühl zeichnet das Kind spiegelbildlich. Da dies nicht aus der Zeichnung des „Kreises" und der „Schaukel" zu sehen ist, machen wir uns eine kleine Notiz ins Heft: *spiegelbildlich* = **)(** , *parallel* = **))** . Wir wollen die spiegelbildliche Bewegungsform vom Kind nicht fordern, es wird eines Tages ganz von selbst dazu übergehen, für uns ist der selbstgewählte Zeitpunkt von Interesse.

Beurteilen wir die fertigen Zeichnungen, so vergleichen wir die mit der rechten Hand ausgeführte mit der von der linken Hand gezeichneten Form. Wir können dabei „ablesen“, welches Kind ein Rechts-, welches ein Linkshänder ist. Die Form der dominierenden Hand ist fast immer größer, klarer und geordneter. Durch wiederholte Übungen gleichen sich die Formen immer mehr an. Die „Sechs“ wird besonders gern bilateral gezeichnet, da man bei ihr die Bewegungsrichtung **sehen** kann.

Wir lassen die Kinder auch an der Wandtafel mit verbundenen Augen die Formen bilateral zeichnen. Manche Kinder gehen mit großzügigen Bewegungen an diese Aufgabe heran.

VII. Das behinderte Kind beim Sprechzeichnen

1. Das sprachbehinderte Kind

Wir kennen in allen Vorschuleinrichtungen Kinder, die an einer mehr oder weniger starken **Störung des Redeflusses** leiden. Nur wenige mit schweren Behinderungen können in den nur gering zur Verfügung stehenden speziellen Einrichtungen gefördert werden. Die Störung des Redeflusses kann mannigfaltiger Art sein. Es ist hier nicht der Raum, näher auf die Symptome einzugehen. Aber jeder Laie weiß, ob ein Kind „stockend" oder „glatt" spricht. Im Zusammenhang mit diesem „stockenden" Sprechen findet sich meist eine Atemverklemmung. Das Kind staut die Luft im Brustraum, verkrampft zugleich die Atemmuskulatur, das Blut steigt „zu Kopf", die Halsschlagader schwillt an. Die fließende Bewegung des Sprechzeichnens hat auf diese Verkrampfungen einen unmittelbaren, hervorragenden Einfluss. Durch das Zeichnen wird das Kind vom Sprechvorgang **abgelenkt**, es lässt sich von der Bewegung wie auf einer Woge tragen, die so stark ist, dass sie Sprechen und Atmen in ihren fließenden Ablauf mit hineinzwingt. Das Kind, das unter seinen Verkrampfungen zu leiden hat, spürt beim Sprechzeichnen unmittelbar die lösende, wohltuende Wirkung. Es hat das Erfolgserlebnis: „Ich kann ohne Hemmungen sprechen!" Je öfter sich die Erlebnisse des rhythmisierten Atemablaufs und des rhythmischen Sprechenkönnens wiederholen, desto nachhaltiger sind ihre Wirkungen auf die Behinderungen des Kindes.

Denken wir auch an die Kinder, die nicht an einer Störung des Redeflusses leiden, sondern an einer sich überstürzenden Redeweise. Sie verstümmeln die Worte durch Verschlucken ganzer Silben oder auch einzelner Wörter. Diese Kinder brauchen eine „Bremse", die ihnen Zeit lässt zum Nacheinander eines Satzgefüges.

Wenn sie beim Sprechzeichnen ihre Aufmerksamkeit einer Form zuwenden, so wird ganz von selbst ihre Sprechweise langsamer und geordneter. Dazu kommt die Ebene des rhythmischen Sprechens, die diese Kinder veranlasst, die Sprache als etwas Neuartiges zu erleben.

Beim rhythmischen Sprechen fallen häufig Betonungen auf sonst unbetonte Silben oder Wörter, diese Betonungen bedeuten Anhaltspunkte für das überstürzt sprechende Kind, das in der Sprachheilpädagogik als „Polterer“ bezeichnet wird. Gerade das Sprechzeichnen hat auf den „Polterer“ eine gute therapeutische Wirkung.

2. Das motorisch gehemmte Kind

Das motorisch Gehemmte zeigt sich meist beim Kind schon in einer wenig guten Körper- und Stifthaltung. Bei diesem Kind werden wir viele Vor- und Nebenübungen einschalten müssen, um es zunächst zum Sprechzeichnen **bereit** zu machen.

Auch werden wir zunächst vom Zeichnen im Heft absehen. Kleistermalereien, Malen an der Tafel und auf großen Bogen müssen Verkrampfungen in der Muskulatur lösen. Man wird alle Übungen häufig unterbrechen müssen, um auftretenden Verkrampfungen sofort zu begegnen. Zu jeder Bewegung muss eine „Gegenbewegung“ gesucht werden, d. h. hält die Hand den Stift mit gekrümmten Fingern, so wird man zwischendurch die Finger spreizen lassen oder sie tüchtig ausschütteln, um jede Einseitigkeit, die Verkrampfungen fördert, zu vermeiden. Das individuelle Eingehen auf diese Kinder, die oft mit Pflichtgefühl und „eisernem“ Durchhaltenwollen ihren Zustand der Verklemmung noch steigern, fordert vom Erzieher eine differenzierte Einfühlungsgabe. Diese Kinder verstummen immer wieder beim Sprechzeichnen, da sie sich nicht einem Körpergefühl, das ihnen meist fehlt, überlassen können. Und zwei Tätigkeiten — Zeichnen und Sprechen — gleichzeitig zu bewältigen fällt ihnen besonders schwer. Sie sind durch ihre Verkrampfungen „unbeweglich“ geworden. Bei den einfachen Formen „Kreis“, „Schaukel“ und „Sechs“ werden sie bald die wohltuenden und lösenden Wirkungen dieser Übungen erfahren.

VIII. Spiele und Übungen mit den Sprechzeichen

In welcher Weise verwerten die Kinder die Sprechzeichen, wenn sie sich einer frei gewählten Beschäftigung widmen?

Kinder, die ihre Zeichnungen mit einer Schmuckkante versehen wollen, verwenden gerne Zeichen aus ihrem Übungsheft.

Sie verkleinern sie meistens, benutzen sie wie Schriftzeichen:

Andere Kinder „schreiben" die Zeichen wie Buchstaben in Reihen von oben links bis unten rechts. Sie benutzen dazu gern ihre Filzstifte, wechseln die Farben und zeigen Sinn für graphische Gestaltung.

Es gibt auch Kinder, die durch die Zeichen zu freier Gestaltung angeregt werden. Sie benutzen die sich überschneidenden Linien zu Darstellungen von Insekten mit aparten Flügelbildungen. Auch kann man die Zeichen bei Blumen- und Baumdarstellungen wiederfinden.

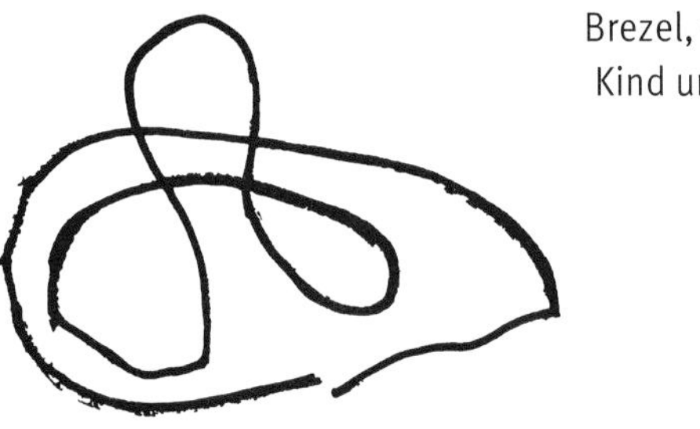

Brezel, von einem Kind umgedeutet

Nie erleichtern sich diese Kinder ihre Zeichnungen durch die Formen, indem sie sie etwa schematisch verwenden. Im Gegenteil gebrauchen gerade die fantasiebegabten Kinder die Formen zu bildnerischer Gestaltung. Sie bauen sie — frei über sie verfügend — kreativ in ihre Bilder ein.

Als Material stehen den Kindern noch quadratische Karten, auf denen je ein Zeichen in Velours- oder Sandpapier ausgeschnitten und aufgeklebt wurde, zur Verfügung. Das Kind bindet sich die Augen zu, ertastet ein Zeichen, erkennt es, wendet die Karte um, nimmt das Tuch von den Augen und versucht nun, das erkannte Zeichen aus dem Gedächtnis zu malen.

Das Gleiche kann man auch in der Gruppe spielen. Dann werden mehreren Kindern die Augen zugebunden, sie tasten und zeichnen die Form an die Wandtafel.

Spielen wir mit dem Faden, so versuchen wir auch die Sprechzeichen nachzulegen. In der Bewegungserziehung sind es Seile, die wie die Zeichen verschlungen werden können. Auch gehen und laufen die Kinder die einzelnen Formen auf dem Boden nach.

Zeichnend kann man auch mit den einzelnen Formen spielen. Man kann sie umkehren, Variationen finden, das Element der Farbe mit einbauen usw.

Diese Übungen kann man gelegentlich mit einer Begriffsbildung verbinden, was an dieser Stelle an Hand der ersten Form — des „Kreises“ — aufgezeigt werden soll.

Das Kind fasst in Worte, was es gezeichnet hat:

1. Es gibt große und kleine Kreise.
2. Die Kreise überschneiden sich.
3. Die Kreise berühren sich.
4. In einem großen Kreis sind viele kleine Kreise, alle berühren sich.
5. In einem großen Kreis sind viele Kreise, sie werden immer kleiner, keiner berührt den anderen.
6. Es gibt ausgemalte Kreise und es gibt Kreisringe.
7. Reiht man Kreise aneinander, so entsteht eine Kette.
8. In der Kette können die Kreise immer größer oder immer kleiner werden usw. usw.

Aus den vorausgegangenen Ausführungen ist wohl die therapeutische Wirkung des „Sprechzeichnens" ersichtlich geworden. Wichtiger noch als theoretische Erörterungen über diese Vorgänge erscheinen mir die Erfahrungen, die jeder einzelne Erzieher beim Durchspielen dieses methodischen Gangs mit sich und seinen ihm anvertrauten Kindern macht.

Fadenspiele

Einführung

Fadenspiele sind auf der ganzen Welt verbreitet. Sie werden gleichermaßen von Erwachsenen wie von Kindern betrieben.

Es gibt Völker, bei denen sie in kultische Übungen eingebaut werden. Bei den Eskimos werden Fadenspiele zeitweise verboten, um zu verhindern, dass die Menschen ihnen nicht völlig verfallen. Zu den Fadenspielen wurden Beschwörungsformeln gesungen oder gesprochen. Von dem Gelingen schwieriger Fadengänge, bei denen sich eine Figur aus der anderen entwickelte, hing der schicksalhafte Einfluss überirdischer Mächte ab. Man glaubte, Naturgewalten lenken zu können, und so „spann man bei den Spielen am eigenen Schicksalsfaden".

J. Kattentidt schreibt: *„Bei den Völkern, die heute noch Künstler im Fadenspiel sind, gibt es eine Anzahl von Fadenbildern, die dramatisches Geschehen in der unmittelbaren Aufeinanderfolge wiedergeben. So zeigt eine Eskimofigur zuerst ein Fischernetz mit besonders kunstvoller Verschlingung. Durch zwei Bewegungen wird dann das Netz zerrissen. Es verschwindet, und zwei Polarbären, die in entgegengesetzter Richtung davontrotten, erscheinen in dem Bild, das durch die sprechende Wiedergabe der Bewegung der Bären, die den Kopf gesenkt halten, überrascht."*

In mitteleuropäischen Ländern überliefern sich bei den Kindern einige Fadenspiele, die meist zu zweit – dialogisch – gespielt werden. Die Kinder wechseln sich ab, übernehmen von der Hand des Partners eine Figur und bilden eine neue, die der andere wieder übernimmt. Jeder Fehler ist irreparabel, das Spiel muss von Neuem beginnen. Die einzelnen Figuren haben Namen wie „Schmetterling", „Schere", „Leiter", „See" usw. Jedoch hat sich das rhythmische Sprechen zum Ablauf der Figuren verloren. In der Verbindung von rhythmischem Sprechen und Fadenspiel knüpfe ich an die von den Erwachsenen in großer Ernsthaftigkeit und Faszination ausgeführten Übungen an.

Für das Kind in der Vorschulerziehung beginnt man mit den einfachsten Formen und Reimen.

Hier haben die Fadenspiele vier verschiedene Funktionen:

1. Ähnlich wie beim „Sprechzeichnen“ werden die Kinder in ein Tun eingefangen, das sie zu erhöhter Konzentration zwingt. Sie lernen die eigenen Bewegungen kennen und — durch häufige Übung — kontrollieren. Dazu kommt das Beobachten von Bewegungsabläufen.
2. Die Fadenspiele beinhalten eine feinmotorische Übung sowohl mit einzelnen Fingern als auch in ihrem Zusammenspiel.
3. Fadenspielen ist ein beidseitiges Tun, was für alle einseitig Orientierten — seien es Links- oder Rechtshänder — heilsam ist.
4. Durch Erlernen und Einüben einfacher Laute und Reime dienen die Fadenspiele der Spracherziehung.

Alle Fadenspiele können deshalb auch als Unterstützung der Übungen beim „Sprechzeichnen“ betrachtet werden. Dort wurde darauf hingewiesen wie bei den Zeichen Mängel in der Handhaltung und -führung, im Bewegungsablauf, in der Koordination der einzelnen Finger, in der Links- bzw. Rechtshändigkeit, im deutlichen Sprechen und in der Koordination von Sprache und Bewegung aufgedeckt werden. Eingestreut zwischen die Erarbeitung der Zeichen dienen die Fadenspiele dazu, dem einzelnen Kind bei der Überwindung seiner Schwächen zu helfen.

Hier sollen Spiele beschrieben werden, die das Kind allein machen kann. Sie können auch in Krankheitstagen dem Kind eine willkommene Hilfe beim Zeitvertreib bieten. Wir benötigen nur einen 1,5 m langen, dicken Baumwollfaden, der an beiden Enden durch einen Knoten befestigt wird.

Fürs Erste wird er nicht zu einer Schlinge zusammengeknotet. Mit einer Kindergruppe setzen wir uns in einen Kreis. Ausgangsstellung für jedes Spiel ist der zwischen beiden Händen ausgespannte Faden. Die Verse werden zu den Bewegungen rhythmisch gesprochen.

1. Der Ball

Nach der Ausgangsstellung wird der ganze Faden zwischen den Handflächen zu einem Ball gerollt, dazu spricht das Kind:

Rolle, rolle, rolle,
rolle auf dem Platz,
wenn das Bällchen fertig ist,

macht es einen Satz:
Hoppla!

Bei „Hoppla“ schlägt das Kind auf die Hand, und das fertig gerollte Bällchen springt hinunter.

2. Der Ring

Bei diesem Fadenspiel lernt das Kind die Bezeichnungen der einzelnen Finger. Die Kinder bestimmen selbst die Reihenfolge. Am vertrautesten sind ihnen „Daumen“ und „kleiner Finger“, dann folgt der „Zeigefinger“, „Mittelfinger“ und zum Schluss der „Ringfinger“. Das Kind wickelt den Faden locker um einen Finger wie einen Ring und spricht dazu:

Ich trag ein goldnes Ringelein,
Schatz, an meinem Fingerlein.

3. Der Fischer

Nach der Ausgangsstellung beugt sich das Kind vor, es hält den Faden an einem Ende. Er berührt mit dem anderen Ende den Fußboden, der die Wasserfläche darstellt – blinkernd. Das Kind spricht:

Ich hab' gefischt, ich hab' gefischt,
ich hab' die ganze Nacht gefischt
und keinen Fisch erwischt!

Bei „erwischt“ schwingt das Kind den Faden über den Rücken.

4. Das Schiffchen

Das Kind lässt den Faden wie eine Schaukel (s. Sprechzeichnen) herabhängen und schwingt ihn hin und her. Es spricht dazu entweder den Vers aus dem „Sprechzeichnen“:

Schaukel hin und schaukel her,
kleiner Frosch und großer Bär.

oder:

Ein Schifflein fährt wohl über'n Rhein,
das hat ein weißes Segelein,
es schaukelt hin,
es schaukelt her,
es fährt wohl an das große Meer.

5. Maus und Katze

Ein Faden wird in die Faust genommen, nur der Knoten guckt heraus. Das andere Ende hängt lang herunter. Langsam zieht das Kind den Faden durch die Faust und spricht dazu:

Guckt die Maus
aus dem Haus,
kommt die Katz
auch ins Haus,
schnell springt die Maus
aus dem Haus heraus!

Wir wiederholen das in der Verkleinerungsform. Für die Kinder ist es ein Spaß, der Erzieher denkt an die gute Sprechübung (s-ch, tz-ch):

Guckt das Mäuschen
aus dem Häuschen
kommt das Kätzchen
auch ins Häuschen,
schnell springt das Mäuschen
heraus aus dem Häuschen!

6. Der Weber

Dieses Mal sind die Finger die „Kettfäden", durch die hindurch das Kind mit seinem Faden hin- und herwebt. Es spricht dazu:

Wir stopfen jetzt die Löcher zu,
auf – ab, auf – ab,
große Löcher, kleine Löcher,
stopfen wir, flicken wir,
auf – ab, auf – ab, auf!

7. Die Mühle

Das Kind legt den Faden doppelt und schwingt ihn schnell im Kreis herum, dazu spricht es:

Die Mühle geht dijuck, dijack,
das beste Mehl in meinen Sack!

8. Der Wickelbaum

Das Kind legt den Faden doppelt und hält die Enden mit einer Hand fest. In die Schlinge greift es mit dem Zeigefinger der anderen Hand und wickelt nun die Fäden, die es gespannt halten muss, umeinander. Es kann dabei „Links- und Rechtsdrall" lernen. Es spricht dazu:

Ei, so wickeln wir,
ei, so wickeln wir,
bis es nicht mehr weitergeht,
und der Finger stille steht.

9. Holz sägen

Das Kind fasst den Faden an beiden Enden, legt ihn ums Knie und zieht abwechselnd am linken oder rechten Ende, dazu spricht es:

Säge, säge Holz entzwei,
große Stücke, kleine Stücke,
schni-schna-schni-schna-schnucks!

Man kann auch zu zweit sägen. Dann hängen zwei Kinder ihre Fäden ineinander und ziehen abwechselnd an den Enden. Auch hierbei müssen die Fäden gut straff gehalten werden.

10. Die Täubchen

Der Faden wird zu einer Schlinge zusammengeknotet und über die linke Hand gelegt, die mit ihrer waagrechten Innenfläche zum Gesicht des Kindes zeigt. Nun greift der rechte Zeigefinger unter der Schlinge durch und holt zwischen Daumen und Zeigefinger den hinteren Faden nach vorn, dreht ihn am Finger einmal rechts herum und stülpt die Schlinge über den Zeigefinger der linken Hand. Das Kind spricht dazu:

Eins, zwei, drei, vier,
vorm Goldschmied seiner Tür.

Dann greift der rechte Zeigefinger von unten zwischen linkem Zeige- und Mittelfinger hindurch, holt den hinteren Faden hervor, dreht ihn und stülpt ihn über den Mittelfinger:

Da saßen zwei Täubchen
mit goldenen Häubchen,

Nun greift der rechte Zeigefinger von unten zwischen Mittel- und Ringfinger der linken Hand hindurch, holt den hinteren Faden hervor, dreht ihn wieder und stülpt ihn über den Ringfinger:

die flogen nach Dresen
auf goldenem Besen,

Nun noch einmal der gleiche Gang, die letzte Schlinge kommt über den kleinen Finger:

die flogen nach Halle
auf goldener Schnalle.

Jetzt zieht das Kind den Daumen aus der Schlinge:

Da ging's um die Eck —

Es zieht an dem — zum Gesicht hin hängenden — Faden, und alle Schlingen lösen sich in ein Nichts auf:

Flupp — waren sie weg!

Blas-Spiele

Zur Physiologie der Blas-Spiele

Die Kinder, die in der Großstadt in verschmutzter Luft leben müssen, brauchen dringend Regenerationshilfen. Die Blas-Spiele tragen hierzu bei.

Bei allen Blas-Spielen wird ausgeatmet. Nur beim Stauen der Luft hinter den Wangen kann die Luft sowohl angehalten wie durch die Nase ruhig ein- und ausgeatmet werden.

Die Ausatmung kann verlängert oder verkürzt werden.

Sie wird verlängert durch einen Widerstand, der sowohl an den Lippen wie an einer kleinen Öffnung eines Gegenstandes (Ei, Luftballon usw.) entsteht.

Verkürzt wird die Ausatmung beim Pusten, wobei die Luft schnell und scharf herausgestoßen wird. Auf eine verkürzte oder verlängerte Ausatmung folgt jeweils eine vertiefte Einatmung, was eine Regeneration im Luftaustausch bewirkt.

Blas-Spiele

I. Aufblasen

Didaktische Überlegungen:

Beim Aufblasen lernt das Kind ein „Ventil" öffnen und schließen. Daumen und Zeigefinger übernehmen meistens diese Funktion. Sie schließen das „Ventil", wenn die Atemkraft nachlässt und öffnen es zum „Nachpumpen". Hierbei muss vom Kind der Luftdruck mit der eigenen Blaskraft überwunden werden, da sonst die Luft in den Mundraum ausströmt.

1. Aufblasen der Wangen

Das Kind staut die Luft im Mundraum und bläst damit die Wangen auf. Dabei ist das eine „Ventil" das

Gaumensegel, das die Luft zum Nasenraum und zur Luftröhre abschließt, das andere ist der Lippenschluss. Schlägt das Kind mit beiden Händen auf die aufgeblasenen Wangen, so entweicht die Luft mit einem lustigen Geräusch durch die Lippen.

2. Tüten aufblasen

Eine nicht allzu große Papiertüte kann von einem Kind mit einem Atemstoß gefüllt werden. Ist sie prall mit Luft gefüllt, schließt das Kind das „Ventil" mit Daumen und Zeigefinger und schlägt zum Knallen die Tüte mit der flachen Hand entzwei.

3. Papierspirale

Auf der Kirmes kann man ein lustiges Blas-Spielzeug kaufen. Eine zur Spirale aufgewickelte Schlange schnellt – durch einen kräftigen Atemstoß gefüllt – vor. Das Kind neckt damit seine Kameraden.

4. Luftballon

Einen Luftballon aufzublasen, ist für manches Kind im Vorschulalter noch recht schwer, da er nur mit mehreren Atemstößen gefüllt werden kann. Lässt die Atemkraft nach, schließt das Kind das „Ventil" mit Daumen und Zeigefinger. Setzt es das Aufblasen fort, muss die Atemkraft die Intensität des Luftdrucks im Luftballon überwinden, sonst entleert sich die Luft in den Mundraum.

5. Seifenblasen

Wenig Atemkraft braucht das Kind beim Seifenblasen. Der Atemstrom muss vorsichtig geführt werden, sonst platzt das zarte Gebilde. Hält das Kind den Strohhalm in die Lauge, so bläst es diese zu einem „Gebirge" von schillernden Kugeln auf und ist beim Anblick – besonders, wenn noch Sonnenlicht darauf fällt – entzückt.

II. Pusten

DIDAKTISCHE ÜBERLEGUNGEN:

Das Kind lernt, seinem Luftstrom eine bestimmte Richtung zu geben. Bei kurzen Atemstößen schließt und öffnet das Kind die Lippen.

1. Eine Kerze auspusten

Das Kind bläst gezielt in die Flamme.

2. Wattepusten

Eine Kindergruppe sitzt am Tisch. Ein Stückchen Watte wird hin und her gepustet. Sie darf nicht herunterfallen, sonst muss man ein Pfand geben.

3. Ein geblasenes „Fußballspiel"

Die Kinder sitzen in zwei Parteien gruppiert um einen Tisch. An beiden Querseiten des Tisches sind Tore aufgebaut. Eine Wattekugel muss ins Tor geblasen werden. Die Kinder benutzen zum Blasen dieses Mal Trinkhalme (Spielregeln wie beim „richtigen" Fußball).

4. Wettfahrt

Die Kinder haben sich auf einem Tisch mit Bausteinen zwei lange Straßen aufgebaut. Sie können zum Teil als Tunnel ausgebaut werden. Zwei Kinder blasen zwei kleine Holzlokomotiven durch die Straßen. Wessen Lokomotive zuerst am Ziel ist, der hat gewonnen. Zielt das Kind beim Blasen nicht genau, so weicht die Lokomotive von ihrer geraden Bahn ab.

5. Kugeln pusten

Durch zwei Ständer wird oben eine Stricknadel geführt, an der an verschiedenlangen Fäden Watteböllchen in bunten Farben hängen. Das Kind kniet vor dem Tisch, fasst ihn mit beiden Händen und setzt ein bestimmtes Bällchen durch gezielte Atemstöße in Bewegung. Die anderen müssen unbewegt hängen bleiben.

6. Tüten fortblasen

Durch das Zimmer werden parallel zwei Fäden gespannt, auf die jeweils zwei spitze Tüten mit abgeschnittener Spitze aufgefädelt wurden. Zwei Kinder blasen in die Tüten hinein, so dass sie vom Luftstrom vorwärtsgetrieben werden. Wer seine Tüte zuerst ins Ziel geblasen hat, ist Sieger.

7. Windrädchen

Die Kinder haben sich aus einem Bierdeckel ein Windrad gearbeitet. Es hat in der Mitte ein Loch, durch das eine gebogene Stricknadel geführt wird. Vier kleine „Schaufeln“ werden am Rand des Bierdeckels befestigt. Sie bilden den Widerstand für den Luftstrom. Das Kind hält mit beiden Händen die Enden der Stricknadel und pustet gegen die Schaufeln, so dass das Rad schnell herumläuft.

8. Ausblasen von Eiern

In der Osterzeit bereitet den Kindern das Bemalen von Eiern große Freude. Sie werden auch versuchen wollen, die Eier selbst auszupusten. Es gehört dazu ein kräftiger Atemdruck. Die Luft staut sich zu Beginn des Blasens ähnlich stark wie beim Aufblasen eines Luftballons.

III. Blasen

DIDAKTISCHE ÜBERLEGUNGEN:

Um einen Luftstrom regulieren zu können, muss die Atemmuskulatur differenziert beherrscht werden. Die Lippenmuskulatur hilft beim zielgerichteten Blasen.

1. Tanzendes Bällchen (Bild Seite 71)

Ein kleiner Watteball wird aus einem Trichter, der am Ende eines gebogenen Röhrchens befestigt ist, hochgeblasen. Die Kunst ist, das Bällchen mit dem Luftstrom in einer Höhe zu halten. Beim Nachlassen des Luftstroms, sinkt es wieder in den Trichter zurück. Bei jeder Ausatmung wird der Luftstrom immer schwächer, das Bällchen würde somit gleich wieder absinken. Um es auf einer Höhe zu halten, muss der Luftstrom – statt langsam immer schwächer zu werden – in gleichem Maß verstärkt werden. Das erfordert bereits eine „Kunst“ in der Atemführung.

2. Blasen ohne Instrument

a) Blasen mit Artikulationswerkzeugen

Der Mund kann beim Blasen die verschiedensten

Geräusche hervorbringen. So blasen die Kinder, wenn sie die alte Dampflokomotive nachahmen auf „sch“, der Wind wird mit dem Blasen des „f“ dargestellt, das Rauschen des Wassers mit dem „ß“.

Mit gespitzten Lippen pfeifen die Kinder zunächst nur einen Ton, später erweitert sich der Tonraum ohne Mühe.

b) Blasen mit Hilfe der Hände

Wird durch einen feinen Schlitz der zusammengelegten Hände geblasen, entsteht ein Ton. Größere Kinder bringen durch Öffnen der Handfläche noch einen zweiten Ton hervor, so dass der Kuckucksruf nachgeahmt werden kann.

3. Blasen mit Instrumenten

a) Pfeifen

Pfeifen auf Instrumenten benötigt keine Fingertechnik wie das Flöten. Bei Wasserpfeifen wird durch das Blasen Wasser in Bewegung gesetzt, so dass ein zwitscherndes Geräusch entsteht.

Trillerpfeife, Sirenenpfeife, Tröte — lauter Instrumente mit mehr oder weniger penetrantem Klang — erfordern alle eine geringe Blastechnik. Hierzu gehört auch das Pfeifen auf einem Schlüssel oder einem Flaschenhals, wobei die Lippen entsprechend geformt werden müssen.

b) Blasen mit Naturmaterial

Auch das Blasen mit Hilfe eines harten und breiten Grashalms, der zwischen den Händen wie eine Saite gespannt wird, gehört hierher.

Die Kinder schnitzen sich im Wald Pfeifchen aus hohlen Zweigen — meist nur mit einem Loch —, sie sind die Vorform unserer Blockflöte.

c) Das Blasen einer Flöte

Im Vorschulalter können den Kindern Kuckucksflöten, Vogelstimmflöten und C-Blockflöten in die Hand gegeben werden. Beim Anblasen müssen die Lippen geformt werden, damit der Luftstrom gespart und geführt werden kann. Beim Flöten kommt zu der Blastechnik noch die Technik des Schließens von Löchern hinzu. So muss die Fingertechnik mit der Blastechnik koordiniert werden.

Zur Anwendung der Blas-Spiele

I. Innerhalb der Bewegungserziehung

a) Die Pfeife als Signal

b) Aufblasen von Luftballons zum nachfolgenden Spiel

c) Blasen mit dem Mund als Ausatmungsübung

d) Die Melodie einer Blockflöte als ordnendes und begrenzendes Prinzip bei Bewegungsabläufen.

II. Innerhalb der Musikerziehung

a) Pfeifen (Tonhöhen, Melodien, Klangmalereien)

b) Flöten (Kuckucks-, Blockflöten, Vogelpfeifen)

III. Im Spiel

a) Gesellschaftsspiele: z. B. II, 2—6

b) Spiel und Spaß: I, 1—5; II, 1, 7; III, 1

IV. Bei der Sprachförderung: III, 2

V. Als therapeutische Maßnahme: I, 1, 5; II, 7; III, 1

Die verschiedenen Blas-Spiele und das Spielen und Turnen mit den Sprechwerkzeugen sind eine wichtige Ergänzung des „Sprechzeichnens“. Bei der Besprechung der Zeichen wurde darauf hingewiesen, welche Defizite im Bewegungsablauf, in der Sprach- und Atementwicklung immer wieder festgestellt werden können. Mit der spielerischen Entwicklung der Atem- und Sprechwerkzeuge kann gezielt diesen Schwächen entgegengewirkt werden.

Spielen und „Turnen“ mit den Sprechwerkzeugen

I. Einführung

Wir wenden uns nun der Lautbildung innerhalb der gesprochenen Sprache zu. Ich möchte hier nicht auf den falsch gebildeten, sondern auf den funktionsschwach gebildeten Laut eingehen. Eine Funktionsschwäche kann durch Übungen behoben werden. So sollen die „Spiele mit den Sprechwerkzeugen“ der Funktionstüchtigkeit von **Lippen, Zunge, Kiefer** und **Gaumensegel** dienen.

Wir können mit den Sprechwerkzeugen genauso wie mit Armen und Beinen „turnen“. Die Bewegung unserer Gliedmaßen wird durch Übung differenziert, ausdrucksstark und leistungsfähig. Ebenso wird die Sprache durch die funktionstüchtige Bewegung der Sprechwerkzeuge deutlich, differenziert und ausdrucksvoll.

Schon der saugende und lallende Säugling übt seine Sprechwerkzeuge. Funktionsschwächen können bereits im ersten Lebensjahr beobachtet werden. Ebenso im Kleinkindalter können Schwächen der Kaumuskulatur bemerkt werden. Die Kinder können keine Rinden beißen und schlucken die Nahrung nur mäßig gekaut hinunter. Auch beim Sprechen fällt auf, dass sie ihre Sprechwerkzeuge nicht angemessen einsetzen. Wenn eine Funktionsschwäche deutlich hervortritt, gilt es ihr durch Spiele und Übungen zu begegnen.

Verdeutlichen wir uns einmal den Bewegungsablauf. Jeder gut funktionierende Muskel besitzt die Möglichkeit zu verschiedenen Spannungsgraden. Der schlecht funktionierende ist schlaff oder verkrampft. Beim Sprechen verhindern Schlaffheit und Verkrampftheit der Sprechwerkzeuge eine richtige Lautbildung. Erst der sich „rhythmisch“ bewegende Muskel, der mit Elastizität in verschiedene Spannungen überwechseln kann, ermöglicht eine ausdrucksstarke Sprache.

II. Spiele und Übungen

1. Mit den Lippen

Beim Pferdchenspiel wird das „Lippen-R“ gern angewandt. Die Pferde „schnauben“. Das Kind legt die Lippen weich aufeinander und bläst die Luft hindurch, so dass ein vibrierendes Geräusch entsteht. Es kann mit und ohne Stimme gebildet werden.

Mit den Lippen können wir das Fallen eines Wassertropfens in ein hohles Gefäß nachahmen. Diese leise knallenden Geräusche, mit den Lippen exakt hervorgebracht, können hell und dunkel tönen, je nach der Weite des darunterliegenden Resonanzraums (Mundhöhle). Die Folge des Tropfens kann langsam und schnell, laut und leise, hell und dunkel sein. Es wird dabei ein feines Muskelgefühl entwickelt, das zur Bildung von „P“ und „B“ notwendig ist. Beim „P“ wird die Luft kräftig hinausgestoßen. Beim „B“ wird die Luft bereits vom Stimmmuskel aus geführt. Wir erleben im Nachsprechen wechselweise beide Laute: P–B–P–B.

Lautspiele schließen sich an: „Pi–Pa–Peter“ und „ein Bigen–Bogen–Packpapier“. Spaß macht auch das Nachsprechen von Wortpaaren: „Knabe — Knappe, Rabe — Rappe, rauben — Raupen“.

Auch Kunststücke können die Lippen machen. Das Lippenrot kann ganz eingezogen werden. Die Spannung ist groß, sie löst sich in einem lauten Knall.

Die Oberlippe kann sich leicht über die Unterlippe schieben, während sich die Unterlippe etwas mühen muss, wenn sie sich über die Oberlippe schiebt.

Das „Schweineschnütchen“, die aufgestülpten Lippen, ist unerlässlich zur guten Bildung des „sch“. Die Kinder versuchen dabei einen Bleistift zwischen Oberlippe und Nase zu klammern. Zeigt man die oberen und unteren Zähne, müssen sich die Lippen auseinanderziehen. Will man ein Hölzchen vom Tisch nur mit den Zähnen aufheben, müssen die Lippen zurücktreten.

Breitgezogene Lippen brauchen wir bei der Bildung des „ß“ und des „i“. Beim Nachahmen des Windes erlebt das Kind den Wechsel zwischen spitzen und breitgezogenen Lippen. Es flüstert: „Huiiiiii-huiiiiii!“

Ein lustiges Spiel – zugleich eine gute Lippengymnastik – ist das Angeln eines Bonbons, das an einem 20 cm langen Faden befestigt ist und mit den Lippen und Zähnen in den Mund geholt werden muss. Wer schafft es zuerst? Die gleiche Aufgabe bietet eine Kirsche, deren Stiel man mit den Zähnen hält und deren Frucht man ohne Hilfe der Hände in den Mund hineinziehen muss.

Hierher gehört auch die lustige Geschichte von „Familie Schiefmaul“, deren Mitglieder sich vergeblich bemühen, eine Kerze auszublasen. Der Vater versucht die Kerze von oben auszublasen (Oberlippe über Unterlippe), die Mutter bläst die Luft nach oben (Unterlippe über Oberlippe), Lieschen bläst die Luft aus dem rechten Mundwinkel, Mäxchen aus dem linken. Da kommt Tante Emma herein und bläst die Kerze im Nu aus!

Bei der Bildung des „m“ liegen die Lippen weich und voll aufeinander. Dem Kind fällt der lockere Schluss schwer, da es mit der Tongebung unbewusst die Lippen anspannt. Gut ist der Wechsel zwischen „m“ und „n“ sowie zwischen „m“ und „l“, d. h. zwischen geschlossenem und geöffnetem Mund.

Die kreisförmig gespannten Lippen erlebt das Kind, wenn es „Raubtier“ spielt. Dieses reißt bei der Drohgebärde des Zubeißenwollens den Rachen weit auf, zeigt alle seine Zähne, und auch das Kind spannt dabei alle Artikulationswerkzeuge.

2. Mit dem Kiefer

Sprechen wir vom „Kiefer“, so meinen wir lediglich den Unterkiefer, da der Oberkiefer unbeweglich ist. Wir können das Schlottern des Kiefers nach einem Schock oder bei hohem Fieber erleben. Im Stegreifspiel „schnattern“ die Kinder, um „Frieren“ darzustellen. Wir wissen von der wohltuenden Geste des Gähnens. Beim Gähnen lösen sich Spannungen und Verkrampfungen. Gähnen ist eine vertiefte und verlängerte Einatmung. Die Atemmuskeln dehnen dabei wohltuend den Brustraum. Wird ein Märchen erzählt, so hören die Kinder voll Spannung regungslos zu. Spontan kann sich bei manchem Kind die Spannung durch Gähnen lösen. Wir wollen aber auch „Gähnen“ spielen, wenn allgemeine Ermüdungserscheinungen auftreten. Einer beginnt, streckt und reckt sich und gähnt dabei aus Herzenslust, prompt werden die anderen folgen!

Das Schnappen mit dem Mund nach einem Bonbon ist ebenso eine gute Kieferübung.

Das Wackeln mit dem Kiefer — seitlich und vor und zurück — wirkt bei der Darstellung von „Riesen und Ungeheuern“ recht eindrucksvoll und macht schon als mimische Übung in der Gruppe viel Spaß. Dazu „schmiert“ es die Gelenke!

Beim Kauen spielt der Kiefer neben Zunge und Zähnen eine wichtige Rolle. Er macht feinmahlende Bewegungen bei gleichzeitigem Schließen und Öffnen. Gerade mit geschlossenen Lippen hat diese Bewegung — auch ohne Speise — eine therapeutische Wirkung, indem sie Verkrampfungen im Mundraum löst. In Fachkreisen kennt man die von Fröschels entwickelte „Kaumethode“, ebenso wie das Gähnen mit geschlossenem Mund, wie es H. Fernau-Horn zur Lösung des Zungengrundes empfiehlt. Manche Menschen bedienen sich unbewusst dieser therapeutischen Wirkung, wenn sie vor dem Schlafen etwas essen, um besser einschlafen zu können. So könnte man bei Kindern mit stark verspannten Artikulationswerkzeugen als Therapie Kaugummi einsetzen, wenn auch andererseits ein stets kauendes Kind nicht gerade schön anzusehen ist.

Es gibt antriebsarme Kinder, die jede feste Nahrung verweigern. Sie essen nicht die Rinde vom Brot, das Fleisch muss durchgedreht werden, die Kartoffeln zu Mus geknetet. Diese Kinder nehmen die Speise mehr saugend als kauend auf, und man wird sich vorstellen können, dass auch die Sprache „breiig“ klingt, ihr fehlt das Gerüst der Knacklaute (b–p, d–t, k–g). Diesen Kindern muss das Kauen regelrecht beigebracht werden. (Ermüdungserscheinungen beachten! Nicht überfordern!)

Wenn wir die „Zähne zusammenbeißen“, ist der Kiefer stark angespannt. Diese Anspannung ist der Ausdruck eines Willens, etwas Unangenehmes zu bewältigen, sei es seelischer oder körperlicher Art. Ein lockeres Öffnen des Mundes zeigt die Bereitschaft zum Lächeln. So achten wir darauf, dass die Kinder beim Singen den Mund aufmachen. Auch wird dadurch die Tonqualität verbessert.

3. Mit der Zunge

Die Zunge ist der beweglichste Teil der Sprechwerkzeuge. Der Säugling streckt beim Lallen und Spielen immer wieder seine Zunge heraus, auch ertastet er damit alle erreichbaren Gegenstände.

Diese Funktionstüchtigkeit fällt dem Kleinkind, wenn sie zielgerichtet sein soll, schwer. Darum machen wir mit ihm Zungenspiele, um die Zungenbeweglichkeit zu erhalten und zu fördern.

Jede Zungengymnastik wirkt wie eine Massage auf die Rachenmandeln. Man kann, wenn sie intensiv genug betrieben wird, die wochenlangen, winterlichen Erkältungen bei Kindern vermeiden.

Wir spielen mit den Kindern „Kätzchen", legen Schokoladenstreusel auf die Teller und lassen sie mit der Zunge auflecken. Dabei können die Kinder erleben, wie emsig eine Katzenzunge arbeiten muss, um jedes Krümelchen zu erwischen.

Mit Zunge und Lippen können wir verschiedene Vogelstimmen nachahmen. Der Kuckucksruf ist den Kindern vertraut, doch wird es ihnen auch viel Freude machen, das Gezwitscher einer Grasmücke nachzuahmen. Die Luft kann dabei durch die gespitzten Lippen eingezogen werden, zwischendurch schlägt die Zungenspitze an den harten Gaumen. Wir wollen die Kinder anregen, immer neue Zwitscherlaute zu erfinden. Den Kindern wird es Freude machen, ihr Vogelkonzert aufs Tonband aufzunehmen und abzuhören.

Schwer ist es für das Kind, Raumgefühl in der Mundhöhle zu entwickeln. Die Augen, die einen wesentlichen Anteil an der Bildung des Raumgefühls haben, fallen für den Bereich der Mundhöhle fort. Das Kind ist allein auf das Gefühl angewiesen, wobei die Zunge ihm helfen kann. Sie tastet die Lage der Zähne, der Wangen, des Gaumens ab. Wir „putzen" mit ihr die Zähne, oben und unten, hinten links und hinten rechts. Dann streicht die Zunge an der Rundung der Lippen vorbei. Wir stecken sie in die Höhlung einer Wange und tun so, als hätten wir ein dickes Bonbon im Mund. Dabei drückt sich die Zunge einmal in die eine, einmal in die andere Wange. Die Finger fühlen dabei die Zunge durch die Wange hindurch. „Ein Mäuschen kommt aus dem Häuschen", dabei schiebt sich die Zunge breit zwischen den Zähnen hindurch. Wir probieren, wer die Zunge am weitesten herausstrecken kann. Wer kann sich das Kinn ablecken? Wer kommt bis an die Nase? Gerade das Biegen der Zunge nach oben fällt manchen Kindern besonders schwer. Sie helfen ihr dabei mit den Fingern nach und merken, wie ungebärdig sie sein kann. Man kann aus Pappe ein Gesicht mit beweglicher Zunge arbeiten, das Kind sieht dabei wie in einen Spiegel und ahmt die Bewegung des Herausstreckens nach (S. 79).

Wir versuchen auch, die Zunge mal aus dem einen, mal aus dem anderen Mundwinkel herauszustrecken. Dabei können wir beobachten, dass manche Kinder nur eine Seite beherrschen und mit der anderen ganz große Mühe haben. Nun weiß man erst, warum diese so „merkwürdig" das „ß" bilden. Bei ihnen weicht die Zunge von der Mittellinie stets zu einer Seite ab.

Auch „Kunststücke" kann die Zunge machen! Man streckt sie heraus und klappt beide Seiten nach oben, so entsteht ein „Schüppchen".

Beim Pferdchenspiel feuert die Zunge den Lauf mit „Schnalzen" an. Sie kann auch das Traben der Pferde mit gleichmäßigen, schnellen Schnalzlauten begleiten. Das Schnalzen kann sowohl mit den Zungenrändern, dem Zungenrücken wie der Zungenspitze hervorgebracht werden. Wir versuchen immer neue Laute zu bilden, ahmen damit verschiedene Tierstimmen und mechanische Geräusche nach. Mit Fantasie entwickeln Kinder dabei erstaunliche Fähigkeiten.

Das „Schlagen" der Zunge — seitlich und vor und zurück — erfordert im raschen Tempo große Geschicklichkeit. Wir singen „schlagend" Lieder, was einen neuen Klangeffekt hervorbringt, und die Ohren „spitzen" lässt.

In der Zungenspitze sitzt das feinste Gefühl. Für die hintere Zunge, mittlere Zunge und für die Zungenränder müssen erst Empfindungen geweckt werden. Der hintere Zungenteil muss bei den Verschlusslauten „k–g“ den Mundraum zur Nase hin abschließen. Kinder, die das „k“ nicht sprechen können, ersetzen es meist durch ein „t“. Sie bilden anstatt hinten vorn am harten Gaumen den Verschluss. Ihnen fehlt das notwendige Raumgefühl in der Mundhöhle.

4. Mit dem Gaumensegel

Die Funktionen des Gaumensegels können auch im Spiel geübt werden. Der bewegliche, weiche Gaumen ist das Tor, das willentlich geöffnet und verschlossen werden kann. Dort ist die Stelle, wo die Luft entweder in den Mund oder in die Nase geführt wird. So wird verständlich, dass man Luft im Mundraum stauen – aufbewahren – kann, ohne dass sie durch die Nase entweicht. Dabei wird der Mund wie ein kleiner Luftballon aufgeblasen, die Wangen sind rund mit Luft gefüllt, und das Kind freut sich, wenn es mit beiden Händen auf die Wangen schlägt, wodurch die Luft mit einem lustigen Knall entweicht.

Auch der umgekehrte Vorgang macht den Kindern viel Spaß. Sie nehmen einen Plastikbecher, halten ihn an den Mund und saugen die Luft heraus. Dadurch „klebt“ er am Mund fest, ohne dass die Kinder ihn noch zu halten brauchen. Wenn der Luftraum des Mundes durch Gaumensegel und Zungenrücken gut abgeschlossen ist, kann das Kind durch die Nase ruhig weiter atmen, während der Becher wie ein Maulkorb an seinem Mund kleben bleibt. Die „bissigen Hunde“ können sogar auf allen Vieren mit ihren Maulkörben durch das Zimmer laufen.

Öffnet das Kind weit den Mund, kann es durch Schließen und Öffnen des Gaumensegels ein leise knallendes Geräusch machen, das wie tropfendes Wasser aus einem Wasserhahn klingt.

Die Zeichnungen im Text sind von *Marianne Schneider*. Fotos: *Waltraut Seyd*